Réinventer le Québec

Marcel Boyer

Nathalie Elgrably-Lévy

Réinventer le Québec

Douze chantiers à entreprendre

Une société de Québecor Média

Catalogage avant publication de Bibliothèque et Archives nationales du Québec et Bibliothèque et Archives Canada

Elgrably-Lévy, Nathalie, 1968-
    Réinventer le Québec : douze chantiers à entreprendre
    Comprend des références bibliographiques.
    ISBN 978-2-7604-1136-4
    1. Québec (Province) - Conditions sociales - 21e siècle. 2. Québec (Province) - Conditions économiques - 21e siècle I. Boyer, Marcel, 1943-   . II. Titre.

HN110.Q8E43 2014   306.309714   C2014-940004-7

Édition : Miléna Stojanac
Révision linguistique : Marie Pigeon Labrecque
Correction d'épreuves : Sabine Cerboni
Couverture et mise en pages : Chantal Boyer
Grille graphique intérieure : Clémence Beaudoin
Photo des auteurs : Sarah Scott

Remerciements
Nous reconnaissons l'aide financière du gouvernement du Canada par l'entremise du Fonds du livre du Canada pour nos activités d'édition.
Nous remercions le Conseil des Arts du Canada et la Société de développement des entreprises culturelles du Québec (SODEC) du soutien accordé à notre programme de publication.
Gouvernement du Québec – Programme de crédit d'impôt pour l'édition de livres – gestion SODEC.

Les Éditions internationales Alain Stanké
Groupe Librex inc.
Une société de Québecor Média
La Tourelle
1055, boul. René-Lévesque Est
Bureau 300
Montréal (Québec) H2L 4S5
Tél. : 514 849-5259
Téléc. : 514 849-1388
www.edstanke.com

Dépôt légal – Bibliothèque et Archives nationales du Québec et Bibliothèque et Archives Canada, 2014

ISBN : 978-2-7604-1136-4

Distribution au Canada
Messageries ADP
2315, rue de la Province
Longueuil (Québec) J4G 1G4
Tél. : 450 640-1234
Sans frais : 1 800 771-3022
www.messageries-adp.com

Diffusion hors Canada
Interforum
Immeuble Paryseine
3, allée de la Seine
F-94854 Ivry-sur-Seine Cedex
Tél. : 33 (0) 1 49 59 10 10
www.interforum.fr

À Emmanuelle, Sarah-Jessica,
Xavier, Sébastien, Thomas, Owen,
Morgann, Marc-Émile, Gabriel et Finn,

Qui incarnent l'avenir

Et à ceux et celles qui rêvent d'un Québec de liberté,
de conquête et de prospérité

SOMMAIRE

INTRODUCTION

Plus que jamais, la performance économique du Québec et les chemins à emprunter pour assurer un avenir prospère sont source de discorde.

Pour certains, tout va bien : le Québec brille par son dynamisme économique, la productivité des travailleurs est exemplaire, la croissance du niveau de vie des citoyens est enviable, la gravité de l'endettement public est exagérée, le fardeau fiscal est compétitif et l'environnement d'affaires est favorable à l'entrepreneuriat.

Pour d'autres, la performance économique du Québec est décevante sinon inquiétante et des réformes s'imposent. Régulièrement, des voix s'élèvent pour dénoncer l'appauvrissement relatif des Québécois, la lourdeur du régime fiscal et le poids du fardeau réglementaire.

Pour la majorité des Québécois, les discours sont si contradictoires qu'il peut être difficile de distinguer le vrai du faux, le mythe de la réalité. Or, pour prendre des décisions éclairées et adaptées, pour assurer un avenir meilleur aux générations actuelles et à venir, pour réaliser notre plein potentiel, il est nécessaire de brosser un tableau fidèle de la réalité économique de la province. Aucune société ne peut évoluer si on lui présente une vision déformée de sa situation!

Cet ouvrage offre au lecteur une réflexion en deux temps. La première partie présente un bilan factuel des principaux aspects de l'économie québécoise, soit un bilan qui s'en tient à des faits attestés, observables et bien réels. Les statistiques proviennent de sources officielles et couvrent entre une et trois décennies, selon la disponibilité des données. L'objectif est de faire apparaître les tendances de long terme afin de déterminer la trajectoire actuellement empruntée par les Québécois.

La seconde partie de l'ouvrage propose une série de réformes exigeantes, certes, mais simples et extraordinairement efficaces. Ces réformes ne visent pas à satisfaire les intérêts politiques de quelque parti que ce soit. Au contraire, elles reposent sur les enseignements de la science économique et sur les expériences d'autres économies, en plus d'être motivées par un souci sincère de contribuer à l'avancement et à l'épanouissement de la société québécoise. Quand on possède un potentiel aussi enviable que celui dont le Québec jouit, vivre en dessous de ses possibilités n'est-il pas un sacrilège?

Chapitre 1

LES DÉCISIONS D'HIER, LE QUÉBEC D'AUJOURD'HUI

« Ce n'est pas nous qui faisons l'histoire.
C'est l'histoire qui nous fait. »
MARTIN LUTHER KING JR.

L'état d'une société n'est jamais le fruit du hasard. Il est le produit des lois, des politiques et des institutions d'hier, lesquelles sont elles-mêmes l'expression des croyances, des valeurs et des tabous entretenus par chaque génération. En somme, le passé est l'artisan du présent.

Ainsi, le Québec que nous connaissons, ses forces comme ses faiblesses, ses succès comme ses rendez-vous manqués trouvent leurs racines dans les choix effectués au xxᵉ siècle. Pour réellement comprendre le contexte économique et social actuel, pour cerner l'origine des maux qui nous affligent et déterminer les changements porteurs de prospérité, il faut regarder dans le rétroviseur de l'histoire.

Un premier départ

De toutes les conceptions de l'État, c'est celle de l'État-providence social-démocrate qui correspond le mieux au Québec contemporain. De fait, l'État québécois intervient dans la vie économique, dicte des comportements aux travailleurs, aux entrepreneurs et aux individus, et redistribue les revenus et la richesse, le tout afin de corriger les inégalités et d'atteindre un idéal de justice sociale et de solidarité.

Si l'État-providence québécois est souvent attribué au virage entrepris lors de la Révolution tranquille, il reste que ses premiers piliers ont été posés par Adélard Godbout, premier ministre du Québec d'abord en 1936, puis de 1939 à 1944.

Après le krach boursier de 1929, le Canada et le Québec sont fortement touchés par la crise économique qui s'abat sur le monde, une crise unique par son ampleur et sa gravité. À l'instar du gouvernement fédéral, le gouvernement Godbout, influencé par l'approche de Franklin Delano Roosevelt en matière de relance économique, adopte plusieurs mesures dans l'espoir de mitiger la crise. Il souscrit aux programmes fédéraux d'assurance chômage et d'allocations familiales. Il crée le Conseil supérieur du travail (1940), le Conseil d'orientation économique (1943), la Commission d'assurance maladie (1943), la Commission des relations ouvrières (1944) et adopte un nouveau Code du travail qui permet aux ouvriers de former des syndicats. Il accorde le droit de vote aux femmes, instaure l'instruction obligatoire et gratuite, nationalise le réseau montréalais d'électricité et fonde Hydro-Québec (1944). Globalement, les réformes adoptées par Adélard Godbout jettent les bases de la Révolution tranquille.

Les initiatives du gouvernement Godbout ne plaisent pas à tous. En l'occurrence, les milieux nationalistes et le clergé lui sont ouvertement hostiles. Ils lui reprochent son attitude conciliante avec Ottawa et son zèle à soutenir l'effort de guerre alors que l'armée canadienne est soupçonnée d'utiliser les régiments francophones comme chair à canon. L'Union nationale, alors dirigée par Maurice Duplessis (qui avait déjà gouverné de 1936 à 1939), exploite la situation en défendant les traditions, la langue française et, surtout, l'autonomie provinciale.

UN ÉLAN INTERROMPU

Lors des élections de 1944, le gouvernement Godbout est défait par le parti de l'Union nationale de Maurice Duplessis. L'attitude de Québec change rapidement et radicalement.

Contrairement à son prédécesseur, le nouveau gouvernement s'oppose à l'intervention étatique et aux visées centralisatrices du gouvernement fédéral. Il est fondamentalement nationaliste, antisyndical, anticommuniste et réfractaire aux intellectuels réformateurs. Il défend le conservatisme économique et social, les valeurs ancestrales, le clergé, l'entreprise privée et le développement des richesses naturelles. Parce qu'il croit que l'État doit encourager l'initiative privée, il tente d'offrir un environnement favorable aux entreprises en maintenant le salaire minimum et les charges sociales à un niveau bas, et en contrant les revendications syndicales.

Par souci d'autonomie, Maurice Duplessis renonce aux subsides d'Ottawa et refuse de renouveler les accords fiscaux de 1942, mais compense les pertes financières par la création d'un impôt provincial sur le revenu des entreprises (1947) et sur le revenu des particuliers (1954). Comme Duplessis exècre l'endettement, il fait de l'équilibre budgétaire l'une de ses priorités et oblige son gouvernement à rembourser la dette existante.

Les positions prises par Duplessis ont fait de lui l'un des hommes politiques québécois les plus controversés. Tandis que certains voient en lui un des meilleurs premiers ministres de l'histoire du Québec, la mémoire collective est sévère à son endroit. Elle l'accuse d'avoir plongé le Québec dans la « Grande Noirceur » et d'être l'artisan du retard économique qu'accuse la province en 1960. Elle lui reproche ses efforts pour contenir les éléments les plus progressistes de la société, ses liens avec le clergé, le trafic d'influence dont il s'est rendu coupable, ainsi que ses politiques axées sur l'agriculture et le développement des richesses naturelles.

Toujours est-il que les efforts du gouvernement Duplessis pour protéger les pouvoirs provinciaux de taxation ainsi que son refus de concéder à Ottawa des compétences constitutionnelles, notamment dans le domaine des pensions, ont permis aux gouvernements futurs de jouir d'une capacité d'action qu'ils n'auraient pas eue autrement.

L'Union nationale est aussi à l'origine de plusieurs réalisations déterminantes, dont la création de l'Office de l'électrification rurale (1945), l'adoption du drapeau fleurdelisé (1948), les amendements à la Loi des écoles de protection de la jeunesse (1951), la Loi concernant la Régie des loyers (1951), ainsi que la création de l'Université de Sherbrooke (1954) et de l'Office des marchés agricoles du Québec (1956).

C'est également le parti de Duplessis qui a confié au juge Thomas Tremblay la direction de la Commission royale d'enquête sur les problèmes constitutionnels afin d'étudier « le problème des relations fédérales-provinciales au Canada du point de vue fiscal, dans le cadre de la lutte menée par Québec contre la politique centralisatrice d'après-guerre du gouvernement fédéral[1] ». Les travaux sont consignés dans un volumineux rapport qui, bien qu'ignoré par Duplessis, inspirera les politiques interventionnistes introduites à partir de 1960. Ces politiques seront d'autant plus faciles à implanter que Duplessis léguera à son successeur une dette publique quasiment nulle.

« Désormais »

Lorsque Duplessis s'éteint en septembre 1959, le Québec accuse un retard économique, surtout par rapport à l'Ontario. L'élite intellectuelle et les médias se montrent impitoyables à l'égard des politiques unionistes, qu'ils rendent responsables de l'infériorité économique des Québécois. Selon eux, il faut rompre avec les méthodes « moyenâgeuses » de Duplessis pour permettre la « Renaissance » du Québec.

Paul Sauvé succède à Duplessis comme chef de l'Union nationale et comme premier ministre. Son célèbre « désormais », qui suggère une rupture avec le passé, permet à beaucoup d'entretenir l'espoir d'un renouveau politique. Cet espoir sera toutefois de courte durée, car Paul Sauvé meurt subitement en janvier 1960. Il aura néanmoins ouvert les vannes du changement en mettant en marche un train de réformes. Son passage au poste de premier ministre est d'ailleurs qualifié de « Révolution des cent jours » et constitue le prélude à la Révolution tranquille. Antonio Barrette le remplace et déclenche des élections en avril 1960.

La Révolution tranquille

La campagne électorale de 1960 oppose principalement le parti de l'Union nationale au Parti libéral. En dépit des efforts déployés par Paul Sauvé, l'Union nationale apparaît dépassée. En revanche, avec son slogan « C'est le temps que ça change», le Parti libéral dirigé par Jean Lesage symbolise la réforme du rôle de l'État et le début d'une ère nouvelle, comme en témoigne cet extrait du programme électoral :

> « [...] il faut rétablir les droits et les libertés parlementaires, mettre de l'ordre dans l'administration de la chose publique, assurer l'égalité des citoyens devant la loi, organiser la vie nationale et économique, favoriser le bien-être de la population, occuper activement tout le champ de nos droits constitutionnels[2]. »

Cette perspective séduit l'électorat, et Jean Lesage est porté au pouvoir le 22 juin 1960. Avec une philosophie diamétralement opposée à celle de son prédécesseur, il entame aussitôt une réorganisation complète de la société. Il s'oppose au laisser-faire et prône un État architecte pour planifier l'économie et régler les problèmes sociaux.

Un journaliste du quotidien torontois *Globe and Mail* emploie alors l'expression *Quiet Revolution* pour décrire les changements qui s'opèrent au Québec. Chargée de symbolique, cette expression plaît à la classe politique québécoise et aux intellectuels, qui n'hésitent pas à s'en servir.

Il est difficile de donner à la Révolution tranquille une définition qui lui rende parfaitement justice. Disons simplement qu'il s'agit de la période pendant laquelle « le Québec cherche à obtenir tous les pouvoirs nécessaires à son affirmation économique, sociale et politique[3] ». L'État devient un acteur de premier plan et ses actions s'articulent autour de quatre axes : 1) le rattrapage économique ; 2) la réforme du rôle de l'État et l'expansion de la fonction publique ; 3) la place des Canadiens français dans l'économie ; et 4) la laïcisation de la société.

Déterminé à transformer la nature même de l'économie du Québec et de la société québécoise, le gouvernement de Jean Lesage entreprend plusieurs chantiers, et les initiatives se bousculent.

En février 1961, le nouveau gouvernement annonce la création du Conseil d'orientation économique, qu'il remplacera en 1969 par l'Office de planification et de développement du Québec (l'OPDQ sera aboli en 1993).

En avril 1961, Québec met sur pied la Commission royale d'enquête sur l'enseignement dans la province de Québec, soit la commission Parent, afin de brosser le tableau de l'éducation au Québec. Le rapport qui en découle contient une série de recommandations, dont la création du ministère de l'Éducation du Québec, la scolarisation obligatoire jusqu'à l'âge de 16 ans, la création de collèges d'enseignement général et professionnel (cégeps), ainsi que la démocratisation de l'enseignement universitaire. L'Église conteste les recommandations du Rapport Parent, mais ses actions resteront vaines : Jean Lesage entame une réforme de l'ensemble du système d'éducation.

En décembre 1961, le gouvernement Lesage forme le Comité d'étude sur l'assistance publique. Présidé par le juge Émile Boucher, le comité recommande que le secteur public prenne sous son aile les activités d'assistance sociale alors sous la responsabilité de l'Église, des familles et des organismes de charité.

Afin de renforcer le pouvoir économique des « Canadiens français » dans la province, de transformer la structure industrielle et d'appuyer notamment les initiatives en matière de ressources naturelles, Québec annonce en juillet 1962 la création de la Société générale de financement (SGF). Toutefois, comme elle sert surtout de roue de secours aux entreprises en difficulté, elle se voit rapidement contrainte d'assainir ses activités. En 1973, elle devient une société d'État et abandonne les entreprises déficitaires pour réserver son financement à celles qui présentent un fort potentiel.

Le 28 décembre 1962, le gouvernement annonce son offre publique d'achat de toutes les actions ordinaires des onze compagnies d'électricité qui desservent le Québec. La nationalisation de l'électricité entre en vigueur le 1er mai 1963.

Les relations de travail prennent un virage majeur, tout d'abord avec l'octroi de l'accréditation syndicale aux employés des services publics, puis avec l'adoption d'un nouveau Code du travail en septembre 1964.

Dans ses efforts de reconquête économique et de valorisation de l'entrepreneuriat canadien-français, le gouvernement fonde la Caisse de dépôt et placement du Québec en juillet 1965. La même année, il s'attaque au problème de la précarité des revenus et de la pauvreté pendant la vieillesse en créant la Régie des rentes du Québec. Il envisage également l'instauration d'un régime d'assurance maladie provincial et confie à Claude Castonguay le mandat de produire un rapport sur la situation des soins de santé et des services sociaux au Québec.

Le caractère tangible des mesures adoptées par Québec n'est pas anodin. L'Église se voit dépossédée de ses pouvoirs et perd l'influence qu'elle exerçait jusque-là sur le mode de vie des Canadiens français. Les hommes de l'État prennent la place des hommes en soutane, alors que les ministères et les sociétés d'État foisonnent. Ce virage provoque un sentiment d'euphorie collective. La lune de miel est toutefois de courte durée, car les dépenses publiques et le fardeau fiscal augmentent rapidement, la dette s'alourdit et la capacité d'emprunt de l'État diminue. Le rythme auquel l'État intervient est freiné, à la fois parce que l'économie ralentit et que les critiques liées aux coûts des programmes et à la croissance de l'appareil étatique se multiplient. À partir de 1965, le virage entrepris par le Parti libéral semble perdre son élan, les journalistes posent un regard sévère sur la situation, et l'insatisfaction augmente, notamment parce que les dépenses gouvernementales, qui dépassent les 2 milliards de dollars, atteignent un sommet historique.

Variations sur le même thème

Lors des élections de juin 1966, le parti de Jean Lesage est remplacé par celui de l'Union nationale, alors dirigé par Daniel Johnson. Pour certains historiens, cette élection marque la fin de la Révolution tranquille[4]. Pour d'autres, elle se poursuivra jusque dans les années 1980.

En raison de la philosophie du nouveau gouvernement et du ralentissement économique, les unionistes de 1966 limitent leurs interventions dans l'économie, et l'expansion de l'appareil gouvernemental ralentit. Toutefois, si le vent de changement qui soufflait sur le Québec en 1960 perd en intensité, il continue néanmoins de souffler dans la même direction. En l'occurrence, Daniel Johnson établit la Régie de l'assurance maladie du Québec en juin 1969. Il crée l'Office du crédit industriel (1967), la Société d'habitation du Québec (1967), l'Office de planification du Québec (1968), le Conseil de la recherche et du développement forestier du Québec (1969), le ministère des Affaires intergouvernementales (1967), le ministère de l'Immigration (1968) et le ministère de la Fonction publique (1969).

Ainsi, à quelques différences partisanes près, l'Union nationale garde le cap sur les objectifs de la Révolution tranquille et conserve la même approche interventionniste que les libéraux de Jean Lesage. Il en sera également ainsi pour les gouvernements qui suivront, alors qu'aucun ne se contentera d'assumer les nouvelles responsabilités prises en charge par son prédécesseur. Au contraire, ils adhèrent tous, mais à des degrés divers, à la philosophie interventionniste et attribuent toujours davantage de rôles à l'État, le tout sous le regard bienveillant de la population.

LES REMISES EN QUESTION

On peut certes arguer que les initiatives prises entre 1960 et 1985 étaient nécessaires, voire indispensables pour permettre aux Québécois de se libérer de la domination anglophone et d'améliorer leur situation socio-économique. Les efforts déployés n'ont d'ailleurs pas été vains puisque l'entrepreneuriat s'épanouit et une nouvelle classe d'affaires francophone émerge.

Si les objectifs poursuivis par Jean Lesage et ses successeurs étaient louables, ils ont néanmoins mené à l'édification et à l'expansion d'un État-providence. Avec la multiplication des engagements, des agences et des ministères, les dépenses des administrations publiques doublent entre 1960 et 1985[5], l'effectif total de la fonction publique grimpe de 308 %, et le nombre d'employés pour 1 000 habitants augmente de 219 %[6].

Au fil du temps, le recours systématique à l'État pour résoudre les problèmes économiques, sociétaux et sociaux s'est ancré dans la mentalité des Québécois. Toutefois, depuis 1985, un nombre croissant de voix s'élèvent pour dénoncer le « modèle québécois ». Au banc des accusés, on cite notamment la bureaucratisation des procédures et la complexification de l'appareil gouvernemental, l'inefficacité et le gaspillage, la piètre qualité des services offerts, l'échec des tentatives de planification, l'état précaire des finances publiques, la lourdeur du fardeau fiscal, la politisation de l'activité économique et la corruption. On reproche également ment à l'État d'imposer des contraintes qui étouffent l'initiative et, par ricochet, plombe notre prospérité économique.

Réinventer le Québec

Un État fort et interventionniste était jadis perçu comme la solution, sinon la panacée, aux problèmes socio-économiques. Mais l'État-providence a-t-il bien servi les intérêts des Québécois au cours des trente dernières années?

Chapitre 2

L'HUMAIN AVANT TOUT !

« Je ne m'explique pas, étant donné le plaisir
que l'homme prend à sa reproduction, que
la démographie ne soit pas une science folichonne. »
PHILIPPE BOUVARD

La population est au cœur de toute analyse. C'est par elle, et pour elle que la vie économique existe. Décrire de manière succincte des tendances démographiques québécoises et réfléchir au phénomène du vieillissement de la population sont donc des étapes essentielles à toute analyse d'ordre économique. Non seulement les changements démographiques modifient l'organisation de la société et orientent les décisions prises par le secteur productif et la classe politique, ils réagissent également aux conditions économiques et sont révélateurs de l'appréciation que les gens s'en font.

Jusqu'au début du XIXe siècle, la majorité de la population canadienne vivait au Québec. La disponibilité des terres et l'accès au fleuve Saint-Laurent étaient alors des pôles d'attraction. Puis, les guerres napoléoniennes incitèrent beaucoup de Britanniques à s'expatrier, notamment vers l'Ontario, où les terres vierges abondaient. Dès 1830, le surpeuplement et l'épuisement des sols fertiles poussèrent les Canadiens français à s'exiler vers la Nouvelle-Angleterre pour y occuper des emplois dans les usines de textile et de bois de sciage. Enfin, à partir de 1861, les efforts pour peupler l'Ouest canadien débutèrent.

Ainsi, même si le nombre de Québécois n'a jamais cessé d'augmenter, leur poids démographique dans le Canada suit une tendance à la baisse. Entre 1851 et 1921, la part du Québec chute de 36,5 % à 26,9 % (figure 2.1). Malgré tout, le début du xxᵉ siècle est marqué par une effervescence économique qui mérite à Montréal le titre de métropole du Canada. De 1921 à 1966, grâce à un taux de natalité élevé, une baisse du taux de mortalité, une halte dans le peuplement de l'Ouest canadien et la fin de l'exode vers les États-Unis, le poids démographique du Québec augmente et se stabilise autour de 29 %. La population québécoise continue alors d'augmenter en termes absolus, mais son poids démographique dans l'ensemble du Canada reprend sa descente. Aujourd'hui, le Québec compte pour 23,1 % de la population canadienne.

Figure 2.1 : Population du Québec en millions et en pourcentage de la population du Canada, 1851-2012

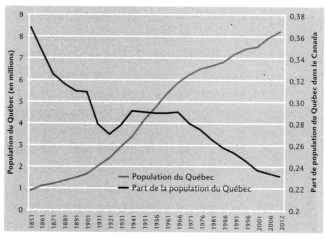

Source : Cansim, tableau 051-0005.

Réinventer le Québec

Où sont les enfants ?

Les familles québécoises étaient jadis nombreuses. Cette époque est révolue. À l'instar de la plupart des populations occidentales, les Québécois ont moins d'enfants.

Le taux de fécondité, soit le nombre de naissances pour 1 000 femmes en âge de procréer, témoigne de la fréquence des naissances. Pour assurer le maintien de l'effectif d'une population, ce taux doit être égal ou supérieur à 2,1. Ainsi, pour que deux adultes d'une génération soient remplacés trente ans plus tard par deux autres adultes, chaque femme doit mettre au monde 2,1 enfants : un pour la remplacer, un autre pour remplacer le père, et une petite fraction pour tenir compte des enfants qui décéderont avant l'âge adulte.

À l'échelle de la province, non seulement le taux de fécondité des Québécoises a-t-il enregistré une nette diminution depuis 1921, mais il se maintient en deçà du seuil de 2,1 depuis 1969[7], et ce, malgré les politiques natalistes introduites par Québec (figure 2.2)*.

---

* À titre comparatif, les taux de fécondité pour 2011 étaient de 1,6 au Canada ; de 1,9 aux États-Unis, en Australie et en Norvège ; de 2,0 en France, au Royaume-Uni et en Nouvelle-Zélande ; de 1,4 en Allemagne et en Italie ; de 1,8 en Finlande, en Belgique et au Brésil ; de 3 en Israël.

Figure 2.2 : Espérance de vie et taux de fécondité, 1921-2011

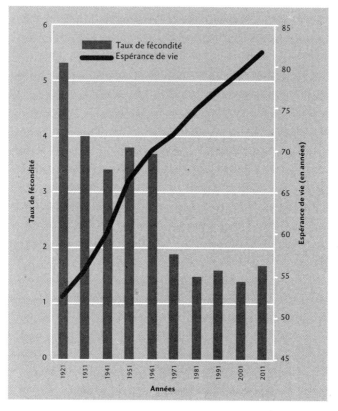

Sources: Institut de la statistique du Québec et Programme de recherche en démographie historique de l'Université de Montréal.

L'entrée des femmes sur le marché du travail a incontestablement contribué à la chute du taux de fécondité. Toutefois, notons que des variables comme l'urbanisation, la baisse du taux de mortalité infantile, la contraception, la légalisation de l'avortement, l'éducation, le déclin de la pratique religieuse, l'évolution des coûts associés à la parentalité, etc. concourent également au phénomène. En fait, de nombreux aspects de la vie moderne jouent contre l'unité familiale et la procréation. Autrefois, les couples avaient besoin,

Réinventer le Québec

entre autres choses, de la force de travail que leurs enfants leur procuraient. Aujourd'hui, seules les considérations affectives motivent la reproduction. Or, celles-ci peuvent être satisfaites avec un ou deux enfants uniquement.

Si le taux de fécondité inquiète, l'espérance de vie réjouit. Avant 1750, elle atteignait à peine 25 ans, notamment en raison d'une mortalité infantile très élevée[8]. Grâce aux progrès de la médecine, aux meilleures conditions de vie et aux améliorations en matière d'alimentation et d'hygiène, il a été possible de repousser toujours un peu plus le moment fatal. Alors que la victoire sur la mort a d'abord bénéficié aux enfants, ce sont maintenant les aînés qui voient leur vie être prolongée. En 1921, un enfant qui venait au monde pouvait espérer vivre 52,5 années[9]. En 2011, il disposait de 82,5 ans[10] (figure 2.2)!

BIENVENUE CHEZ VOUS!

Depuis 1966, le solde migratoire international a toujours été positif (à l'exception de 1970). Toutefois, depuis 1985, vu le taux de fécondité trop faible pour assurer le renouvellement des générations, la croissance démographique est carrément tributaire de l'immigration internationale. En 2011, pour chaque naissance, on comptait 1,37 immigrant. En un demi-siècle, le Québec a accueilli plus d'un million d'immigrants. Or, si le Québec est une terre d'accueil sur le plan international, il est une terre d'émigration à l'échelle canadienne avec un solde migratoire interprovincial presque systématiquement déficitaire depuis 1961 (figure 2.3). De plus, le Québec est la province qui a perdu le plus d'effectifs au profit du reste du Canada. Entre 1961 et 2011, 681 560 Québécois ont pris la direction d'une autre province.

L'Ontario, quant à elle, affiche un solde positif avec près de 272 000 nouveaux résidents au cours de la même période.

Ainsi, le Québec attire des immigrants internationaux, mais retient difficilement sa population manifestement attirée par les autres provinces. Comme les mouvements migratoires sont principalement motivés par des considérations d'ordre économique et politique, ce constat est lourd de signification. L'exode des Québécois vers le reste du Canada traduit donc essentiellement leur mécontentement relatif en ce qui a trait au contexte économique et politique actuel et leur scepticisme quant aux perspectives d'avenir.

Figure 2.3 : Migrations internationales et interprovinciales, 1961-2011

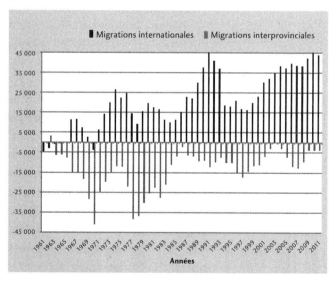

Source : Banque de données des statistiques officielles sur le Québec, *Migrations internationales et interprovinciales,* Québec.

Réinventer le Québec

On ne rajeunit pas !

Le faible taux de fécondité, la hausse marquée d'espérance de vie, ainsi que la part importante de l'immigration dans l'accroissement de la population ne sont pas sans conséquence. Elles sont même directement responsables du phénomène de vieillissement de la population. Selon le démographe Jacques Légaré, « un Québécois né au début du XXe siècle avait environ 50 % de chances d'atteindre l'âge de 65 ans et de survivre au-delà de cet âge environ quinze ans ; celui né au début du présent siècle a plutôt 93 % de chances d'atteindre l'âge de 65 ans et de vivre au-delà de cet âge plus de vingt-cinq ans[11] ».

L'analyse de la proportion que représente chaque grand groupe d'âge confirme le vieillissement de la population (tableau 2.1). Notamment, le groupe des 65 ans et plus, qui formait moins de 5 % de la population au début du XXe siècle, a vu son poids augmenter rapidement pour atteindre 15,7 % en 2011. Dans dix ans, la proportion de vieux dépassera celle de jeunes. Dans moins de vingt ans, un Québécois sur quatre sera âgé de plus de 65 ans. L'âge médian, soit l'âge qui sépare la population en deux groupes égaux, confirme l'émergence du pouvoir gris. Alors qu'il était d'environ 25 ans en 1971, il dépasse maintenant 41 ans et devrait grimper jusqu'à presque 47 ans d'ici 2041 pour ensuite fléchir légèrement.

Le vieillissement de la population n'est ni l'exception québécoise ni un phénomène strictement canadien, mais bien une tendance mondiale. Selon l'ONU, une personne sur dix est actuellement âgée de 60 ans ou plus ; en 2050, ce sera une sur cinq[12]. Toutefois, parce que le baby-boom était plus prononcé au Québec qu'ailleurs, l'impact du vieillissement de la société pourrait être d'autant plus marqué.

Tableau 2.1 : Proportion des 65 ans et plus, âge médian et effectif de la population de plus de 90 ans, 1911-2051

	Proportion des 65 ans et plus	Âge médian	Effectif de la population de plus de 90 ans
1911	4,6 %	20,8	-
1931	4,8 %	22,1	-
1951	5,7 %	24,8	-
1971	6,8 %	25,6	6 493
1991	11,1 %	34,0	19 565
2011	15,7 %	41,4	54 694
2031	25,6 %	45,2	121 179
2051	27,7 %	46,3	300 092

Source : Institut de la statistique du Québec, *Le bilan démographique du Québec*, édition 2011.

LE PÉRIL GRIS : MYTHE OU RÉALITÉ ?

Le discours dominant des dernières années privilégie une vision catastrophique du vieillissement de la population, notamment en raison de l'explosion attendue des coûts du système de santé et de la faillite annoncée des régimes de pension publics.

Les perspectives alarmistes s'appuient généralement sur l'évolution du rapport de dépendance des personnes âgées de plus de 65 ans, soit le rapport de l'effectif de ce groupe à la population en âge de travailler. Ce calcul, basé strictement sur l'âge et non sur la situation financière, mesure la taille de la population « à charge » par rapport à celle en mesure d'assumer cette charge.

En 1961, alors que s'amorçaient la Révolution tranquille et la multiplication des programmes gouvernementaux, on comptait neuf personnes en âge de travailler pour chaque tête grise. Aujourd'hui, c'est quatre pour une. En 2041, ce sera deux pour une.

Réinventer le Québec

Si la transition démographique est statistiquement incontestable, il importe toutefois de distinguer le vieillissement démographique du vieillissement physiologique. Les facteurs sociaux, économiques, environnementaux et culturels, dont l'évolution est déterminante pour le vieillissement physiologique, permettent de mitiger le pessimisme qui entoure le vieillissement démographique. En l'occurrence, des chercheurs de l'Université Stony Brook, de l'Institut de Vienne sur la démographie (VID) et de l'International Institute for Applied Systems Analysis ont montré que les mesures traditionnelles du vieillissement (basées sur l'âge chronologique) sont inappropriées pour prédire l'avenir, car elles ne prennent en compte ni les différents degrés de handicap ni la longévité. Selon eux, les ratios de dépendance démographique de plusieurs pays développés sont en réalité inférieurs de 80 % à leurs estimations actuelles[13].

En pratique, on constate effectivement que les aînés sont plus nombreux à travailler après l'âge de la retraite. Leurs revenus sont certes souvent inférieurs à ceux gagnés par les autres tranches d'âge, mais plusieurs possèdent un patrimoine, reçoivent des prestations de retraite, et n'ont généralement ni hypothèque à payer ni enfants à élever. De plus, comme les taux d'emploi et d'activité des femmes se situent aujourd'hui presque à parité avec ceux des hommes, les aînés de demain pourraient jouir d'une situation financière suffisamment saine pour leur éviter de dépendre des subsides gouvernementaux.

En ce qui concerne l'évolution des dépenses publiques en santé, plusieurs facteurs permettent de penser que l'impact du vieillissement est exagéré.

Premièrement, les progrès de la médecine sont source d'économies, car ils réduisent la durée des traitements, le temps d'hospitalisation et la période de convalescence associés à chaque épisode de maladie.

De plus, les personnes de plus de 65 ans sont en meilleure santé que ne l'étaient leurs parents au même âge, notamment grâce à une meilleure hygiène de vie et une alimentation plus adéquate. D'une certaine manière, il s'agit d'un rajeunissement de la société[*].

Deuxièmement, ce n'est pas tant l'âge qui influe sur le coût des soins de santé, mais bien la proximité de la mort. En l'occurrence, des chercheurs ont montré qu'entre 30 et 50 % des dépenses totales en santé qu'une personne imposera au système auront lieu au cours des douze à vingt-quatre mois avant son décès, indépendamment de son âge[14,15,16].

Troisièmement, de nombreux facteurs peuvent expliquer l'ascension des dépenses en santé : augmentation des salaires, croissance des coûts d'entretien et hausse des prix des équipements et des médicaments[17,18], notamment parce qu'ils sont plus sophistiqués et plus efficaces[19]. Or, aucun de ces facteurs n'est causé par la transition démographique.

En ce qui concerne le marché du travail, le vieillissement de la population laisse présager une diminution du taux d'activité globale au cours des prochaines décennies. Une étude publiée par Statistique Canada prévoit d'ailleurs que le taux d'activité des Québécois pourrait chuter jusqu'à 10 points de pourcentage d'ici 2031. Toutefois, l'impact sur la croissance économique et le niveau de vie pourrait être moins grave qu'on l'imagine.

D'abord parce que le marché du travail peut s'ajuster. Par exemple, quand la technologie le permet, les entreprises remplacent les travailleurs manquants par du capital physique. Sinon, elles retiennent simplement leurs employés en bonifiant les salaires et en offrant des conditions de travail adaptées aux exigences d'une main-d'œuvre plus âgée.

---

[*] Voir à ce sujet Marcel Boyer et Sébastien Boyer, « The Main Challenge of Our Times: A Population Growing Younger », *E-Brief*, n° 161, Institut C.D. Howe, juillet 2013, 7 p.

Réinventer le Québec

Ensuite parce qu'il faut tenir compte du facteur productivité. Omettre cette variable, c'est ignorer une composante fondamentale de la performance d'une économie. Une hausse de la productivité pourrait mitiger, voire annuler l'effet des départs à la retraite sur la croissance économique. Il est vrai, toutefois, que le Québec a enregistré une croissance de la productivité relativement faible par rapport au reste du Canada, aux États-Unis, et à plusieurs pays de l'OCDE[20], et ce, depuis les trente dernières années. En revanche, comme les déterminants de la productivité sont bien connus (soit l'investissement en capital physique et la formation de la main-d'œuvre), il suffirait de mettre en place les conditions nécessaires à une augmentation du rendement des travailleurs pour préserver notre niveau de vie.

Cependant, ni les entrepreneurs ni les travailleurs ne peuvent à eux seuls prendre tous les virages qui s'imposent. L'appareil gouvernemental et les grandes centrales syndicales doivent participer aux efforts, par exemple en favorisant l'investissement et en permettant la création d'emplois atypiques (emplois à temps partiel ou temporaires) et l'embauche de travailleurs indépendants. Ils doivent réviser leurs modèles et accepter d'alléger le cadre réglementaire et la fiscalité. Ils doivent surtout savoir que des réglementations trop contraignantes et des impôts confiscatoires sont les ennemis de la croissance économique.

Finalement, le déficit actuariel des régimes publics (soit l'excédent de la valeur actuelle des obligations futures des régimes par rapport aux provisions financières disponibles en ce moment pour lesdites obligations), occasionné par le vieillissement de la population, des politiques inadéquates et un financement insuffisant, est probablement l'une des principales préoccupations de l'heure. Pour comprendre les défis que posent ces régimes, il faut d'abord connaître la distinction entre les régimes par répartition et ceux par capitalisation.

Dans un régime de retraite par répartition, les cotisations perçues aujourd'hui auprès des travailleurs servent immédiatement à payer les rentes des retraités. Comme dans tout système pyramidal, le régime subsiste tant que le nombre de participants augmente, mais devient insoutenable dès qu'il décroît.

Dans un régime de retraite par capitalisation, chacun épargne pour sa propre retraite. Les travailleurs déposent leurs cotisations dans des comptes qui leur appartiennent et que le régime fait fructifier. Lorsqu'ils prennent leur retraite, ils perçoivent une rente calculée à partir de la valeur de leurs régimes.

Le Régime des rentes du Québec et le Régime de pension du Canada, tous deux introduits en 1966, étaient initialement des régimes par répartition, et comptaient huit travailleurs pour un retraité. Dès 1985, les circonstances économiques et les changements démographiques ont toutefois mis en lumière la fragilité des régimes de retraite pyramidaux, et plusieurs changements ont été apportés. Les taux de cotisations ont été augmentés et des provisions financières ont été créées. Malgré tout, ces régimes affichent d'importants déficits actuariels, notamment parce que le nombre de travailleurs par retraité diminue rapidement. En ce qui concerne le Régime des rentes du Québec, ce ratio est aujourd'hui de quatre pour un. En 2040, il ne sera plus que de un et demi pour un.

Une multitude de mesures sont proposées dans l'espoir de sauver les régimes publics : augmenter l'âge de la retraite et les taux de cotisations ; réduire la générosité des régimes ; éliminer la prestation de décès ; limiter les pensions au conjoint survivant ; etc.

Exiger plus des travailleurs et offrir moins aux retraités peut indubitablement alléger la pression que subissent actuellement les régimes publics. En revanche, ces approches ne s'attaquent pas au cœur du problème. Toute pyramide s'effondre lorsque sa base rétrécit, et les régimes publics n'y échapperont pas.

Pour assurer le confort matériel de leurs retraités, la Suède, le Chili et une trentaine de pays ont abandonné leurs régimes par répartition pour les remplacer par des régimes par capitalisation avec des comptes d'épargne-retraite individuels. Au Chili, par exemple, le système public a été remplacé par un système par capitalisation avec des comptes d'épargne-retraite qui sont la propriété exclusive de chaque employé et qui sont gérés par des institutions privées autorisées par l'État. L'employeur y verse un pourcentage du salaire de son travailleur, et ce dernier le place en fonction de considérations et de contraintes qui lui sont propres. Ainsi, le travailleur épargne directement et exclusivement pour sa propre retraite. Voilà une avenue intéressante à laquelle nous serons bientôt forcés de réfléchir !

Chapitre 3

IL FAIT BON VIVRE AU QUÉBEC, MAIS…

« La richesse est un instrument dont on use,
et non un dieu que l'on vénère. »

JOHN CALVIN COOLIDGE

La société québécoise est-elle riche ou pauvre ? Tout dépend de l'économie à laquelle elle est comparée. Quand on constate les conditions de vie et le niveau de confort de la majorité des habitants de la planète, il est évident que le Québec est l'une des régions du monde où il fait bon vivre.

Toutefois, on ne peut rendre compte de quelque situation que ce soit de manière rigoureuse à partir d'observations ponctuelles et d'appréciations purement normatives. Pour être fiables, les comparaisons doivent être objectives, ce qui exige des outils de mesure reposant sur des variables objectives qui se limitent à décrire la réalité. Ces dernières ont un double avantage : d'une part, elles permettent à chacun de comparer sa performance présente à celles réalisées dans le passé, ou encore à des objectifs préalablement fixés ; d'autre part, elles permettent à chacun de se situer par rapport aux autres.

Par exemple, pour évaluer les progrès d'un hockeyeur ainsi que sa performance comparativement à d'autres joueurs, on lui attribue des points en fonction du nombre de buts marqués et du nombre de passes effectuées. Pour mesurer et comparer la puissance des moteurs, on calcule le produit du couple et de la vitesse de rotation. En matière d'enseignement, pour juger de l'acquisition des connaissances, on se fie aux notes des étudiants.

À l'instar de la plupart des activités humaines, l'économie d'une société n'échappe ni à la mesure ni à la comparaison. Les pages qui suivent présentent le tableau le plus fidèle et le plus neutre possible de la position actuelle de l'économie québécoise ainsi que des progrès réalisés au cours des trente dernières années. Cette démarche s'inscrit dans notre effort d'évaluer les effets du « modèle québécois » introduit en 1960. Si ce modèle est bénéfique pour la société, les tendances économiques de long terme devraient en témoigner.

Pour apprécier la performance et les réalisations de tous les acteurs économiques d'un pays (ou d'une région), il est d'usage de calculer le produit intérieur brut (PIB). Formellement, le PIB reflète la quantité de biens et de services produits à l'intérieur des limites géographiques d'un territoire et au cours d'une période de temps donnée. En somme, le PIB indique la capacité d'un pays à créer de la richesse. Certes, le PIB ignore les inégalités dans la distribution des revenus. En revanche, il renseigne quant à la taille des revenus pouvant être redistribués, et il permet d'estimer la quantité de services publics et d'infrastructures qu'une société a les moyens de s'offrir.

Comme le potentiel total de création de richesse d'une économie est fortement influencé par son profil démographique, toute comparaison économique est effectuée sur la base du PIB par habitant.

À l'échelle mondiale, le Québec occupe une place enviable. En 2011, s'il avait été un pays, il aurait été le 27ᵉ pays le plus riche au monde sur la base du PIB par habitant[21]. Cette performance, plus que respectable, est identique à celle de 2001 et permet de classer le Québec parmi les économies les plus avancées. À titre comparatif, le niveau de vie des Québécois est supérieur à celui des Italiens, des Espagnols, des Sud-Coréens et des Néo-Zélandais, mais inférieur à celui des Japonais, des Français, des Anglais, des Islandais, des Finlandais, des Belges et des Allemands. Pour sa part, le Canada se situait au 18ᵉ rang en 2011, reculant de quatre places comparativement à 2001.

Les Québécois appartiennent aux privilégiés de ce monde, mais il ne faut pas se laisser aveugler par une comparaison trop complaisante. Situer la performance du Québec par rapport à celle de près de deux cents pays, parmi lesquels de petits pays dont la population est largement analphabète et l'économie essentiellement agricole, est un exercice futile. Tout comme un joueur de la Ligue nationale de hockey se compare à ses semblables et non à un joueur d'une ligue de garage, le Québec doit évaluer ses réalisations et ses progrès par rapport aux économies qui ressemblent à la sienne.

Le Québec dans l'OCDE

Fondée en 1961 afin de favoriser le développement mondial, l'Organisation de coopération et de développement économiques (OCDE) rassemblait les États-Unis, le Canada, et quatorze pays européens. Aujourd'hui, cette organisation compte trente-quatre membres, soit la plupart des pays les plus avancés, mais aussi des pays émergents.

Si l'on compare le PIB par habitant du Québec à celui des vingt pays de l'OCDE pour lesquels il existe des données depuis 1981, deux constatations s'imposent (tableau 3.1).

Premièrement, si le Québec avait été un pays en 2011, il aurait occupé le 17ᵉ rang des pays de l'OCDE, avec un PIB par habitant équivalent à 85 % de la moyenne des vingt pays de l'échantillon. En réalité, la situation du Québec est certainement pire que les chiffres ne le révèlent, car le maigre avantage qu'il semble avoir sur l'Italie et l'Espagne est essentiellement attribuable au marasme économique qui afflige ces pays depuis 2009. Le Canada, quant à lui, fait meilleure figure. Il se situe en 9ᵉ position avec un PIB par habitant de l'ordre de 102,1 % de la moyenne des pays de l'OCDE. Bien entendu, si l'on retire le Québec du calcul du PIB par habitant canadien, la position relative du Canada dans l'OCDE s'améliore.

Deuxièmement, on ne peut qu'être inquiet de constater que, entre 1981 et 2011, le Québec a perdu trois places et que l'écart entre son niveau de vie et le niveau de vie moyen pour les pays de l'OCDE s'est creusé de 12,6 points de pourcentage. Ainsi, même si le Québec s'est enrichi en termes absolus, il s'est appauvri relativement aux pays de l'OCDE. Au cours de la même période, la position du Canada s'est également détériorée de 12,3 points de pourcentage. Ici encore, soustraire le Québec du calcul du PIB par habitant canadien permettrait de réduire le recul relatif de la performance canadienne.

Ainsi, non seulement le Québec est-il aujourd'hui pauvre parmi les riches, mais, entre 1981 et 2011, son niveau de vie a progressé moins vite que celui des autres pays de l'échantillon. Cet appauvrissement relatif est causé par une croissance économique plus lente qu'ailleurs. Pour la période considérée, le Québec a enregistré un taux de croissance annuelle moyen de 1,3 %, soit parmi les taux les plus faibles des pays de l'OCDE.

Tableau 3.1 : PIB par habitant en 2011 – Québec et pays de l'OCDE sélectionnés, en dollars canadiens de 2011 et à parité de pouvoir d'achat (PPA)

	En % de la moyenne des pays de l'OCDE sélectionnés				Rang		
	1981	2011	Variation 1981–2011 en points de %	Taux de croissance annuel moyen 1981-2011	1981	2011	Variation 1981–2011
Québec	97,6 %	85,0 %	-12,6	1,30 %	14	17	-3
Allemagne	101,6 %	98,8 %	-2,8	1,67 %	12	10	+2
Australie	104,8 %	105,5 %	+0,7	1,79 %	7	5	+2
Belgique	103,0 %	97,6 %	-5,4	1,58 %	9	11	-2
Canada	114,4 %	102,1 %	-12,3	1,38 %	4	9	-5
Corée du Sud	24,0 %	76,3 %	+52,2	5,76 %	21	21	0
Danemark	111,1 %	103,2 %	-8,0	1,51 %	5	8	-3
Espagne	77,4 %	81,9 %	+4,5	1,96 %	19	19	0
États-Unis	125,9 %	121,8 %	-4,1	1,66 %	3	3	0
Finlande	90,2 %	94,9 %	+4,7	1,94 %	15	12	+3
France	101,9 %	88,6 %	-13,3	1,29 %	11	15	-4
Irlande	67,6 %	104,8 %	+37,2	3,26 %	20	6	+14
Islande	103,0 %	91,0 %	-12,1	1,35 %	8	13	-5
Italie	98,2 %	83,0 %	-15,2	1,20 %	13	18	-5
Japon	87,8 %	86,5 %	-1,3	1,71 %	17	16	+1
Norvège	148,9 %	156,0 %	+7,1	1,92 %	2	1	+1
Nouvelle-Zélande	88,3 %	76,4 %	-11,9	1,28 %	16	20	-4
Pays-Bas	107,6 %	108,0 %	+0,4	1,78 %	6	4	+2
Royaume-Uni	79,9 %	89,3 %	+9,4	2,14 %	18	14	+4
Suède	102,0 %	104,2 %	+2,3	1,84 %	10	7	+3
Suisse	162,3 %	130,2 %	-32,1	1,02 %	1	2	-1

Source : *Productivité et prospérité au Québec – Bilan 2012*, Centre sur la productivité et la prospérité, HEC Montréal, 2012, p. 10 et calculs des auteurs.

Les écarts entre les taux de croissance annuels moyens étant généralement faibles, on peut être tenté de sous-estimer leur importance. Ce serait une erreur. Comme ces écarts se répètent chaque année, ils se traduisent à terme par des différences de niveau de vie considérables. Avec un taux de croissance annuel moyen de 1,3 %, il faut près de cinquante-quatre ans au Québec pour doubler son niveau de vie. Avec le même taux que l'Irlande, il ne lui faudrait que vingt-deux ans. S'il avait enregistré un taux équivalent à celui observé en moyenne dans les pays de l'OCDE, soit 1,9 %, le niveau de vie des Québécois atteindrait aujourd'hui 49 638 $ par année, soit environ 8 000 $ de plus que le niveau actuel. Pour une famille de quatre personnes, c'est 32 000 $ de plus par année ! Imaginez les choix individuels et sociaux qu'un tel niveau de vie aurait permis ! Le Québec aurait alors occupé le 10e rang des pays de l'OCDE, devant l'Allemagne, la Belgique, la Finlande, l'Islande, le Royaume-Uni, la France, et le Japon.

Le Québec en Amérique du Nord

L'existence de l'Accord de libre-échange nord-américain, la proximité géographique, la diminution des coûts de transport et des communications et, jusqu'à récemment, la force de la devise américaine étaient autant de facteurs favorables à l'intégration nord-sud plutôt que transocéanique. Cette proximité économique rend toutefois nécessaire la mise en contexte de l'économie québécoise dans l'espace nord-américain.

Alors que le Québec se situe dans le peloton de queue des pays de l'OCDE sélectionnés (tableau 3.1), sa position relative ne s'améliore guère quand on le compare aux cinquante États américains et aux neuf autres provinces canadiennes.

En 2011, le Québec était la cinquième région la plus pauvre en Amérique du Nord, et la quatrième province la plus pauvre au Canada (tableau 3.2). Pour comble, la position relative du Québec s'est détériorée entre 1981 et 2011. Il y a trente ans, le niveau de vie d'un Québécois représentait 82 % de celui d'un Américain, soit un écart de 6 064 $. Aujourd'hui, il atteint à peine 73 %, soit un écart de 16 007 $! Ainsi, entre 1981 et 2011, l'écart entre le niveau de vie d'un Québécois et celui d'un Américain s'est creusé de 163 %.

Certes, l'Ontario, la Colombie-Britannique, le Manitoba et même l'Alberta ont également perdu du terrain au cours de la période considérée. Ce serait toutefois une erreur d'y trouver un quelconque réconfort. Vu le potentiel immense du Québec, il faut se comparer aux régions qui connaissent une croissance enviable et viser haut. Après tout, si Terre-Neuve-et-Labrador, autrefois le parent pauvre du Canada, s'est hissée du 59e rang au 12e rang, et si la Saskatchewan a grimpé du 19e rang au 9e rang, n'est-il pas raisonnable d'en attendre au moins autant du Québec ?

Tableau 3.2 : PIB réel par habitant en 1981 et en 2011, en dollars enchaînés de 2011, en dollars canadiens à parité de pouvoir d'achat (PPA)

1981		Rang	2011		Rang
Île-du-Prince-Édouard	19 660 $	60	Île-du-Prince-Édouard	36 741 $	60
Terre-Neuve-et-Labrador	20 394 $	59	Nouvelle-Écosse	39 027 $	59
Nouveau-Brunswick	20 450 $	58	Mississippi	40 541 $	58
Nouvelle-Écosse	21 224 $	57	Nouveau-Brunswick	42 604 $	57
Mississippi	24 115 $	56	Québec	43 350 $	56
Caroline du Sud	24 892 $	55	Caroline du Sud	43 741 $	55
Maine	25 318 $	54	Virginie de l'Ouest	44 463 $	54
Arkansas	25 443 $	53	Arkansas	44 478 $	53
Virginie de l'Ouest	25 874 $	52	Alabama	44 502 $	52
Alabama	26 181 $	51	Manitoba	44 655 $	51
Vermont	26 850 $	50	Idaho	45 120 $	50
Tennessee	27 681 $	49	Kentucky	46 564 $	49
Québec	27 988 $	48	Montana	46 986 $	48
Floride	28 046 $	47	Nouveau-Mexique	47 085 $	47
Caroline du Nord	28 182 $	46	Colombie-Britannique	47 579 $	46
Idaho	28 287 $	45	Maine	47 949 $	45
Dakota du Sud	28 298 $	44	Michigan	48 158 $	44
New Hampshire	28 506 $	43	Floride	48 861 $	43
Kentucky	28 520 $	42	Ontario	48 971 $	42
Rhode Island	28 693 $	41	Arizona	49 220 $	41
Utah	29 137 $	40	Oklahoma	50 459 $	40
Georgie	29 181 $	39	Vermont	51 053 $	39

Réinventer le Québec

1981		Rang	2011		Rang
Pennsylvanie	29 781 $	38	Canada	51 109 $	
Missouri	29 850 $	37	Missouri	51 251 $	38
Manitoba	29 952 $	36	Tennessee	51 386 $	37
Indiana	30 102 $	35	Ohio	51 753 $	36
Oregon	30 177 $	34	Indiana	52 689 $	35
Virginie	30 983 $	33	Georgie	52 695 $	34
Wisconsin	31 006 $	32	Canada (sauf Québec)	53 444 $	
Arizona	31 082 $	31	Utah	54 551 $	33
Ohio	31 370 $	30	Wisconsin	55 078 $	32
Michigan	31 738 $	29	Pennsylvanie	56 080 $	31
Maryland	31 764 $	28	Caroline du Nord	56 236 $	30
Montana	32 703 $	27	Kansas	56 294 $	29
Canada	33 062 $		Rhode Island	58 823 $	28
Iowa	33 543 $	26	Nevada	59 099 $	27
Nebraska	33 675 $	25	États-Unis	59 357 $	
Ontario	33 858 $	24	New Hampshire	59 524 $	26
New Jersey	33 981 $	23	Iowa	60 064 $	25
États-Unis	34 052 $		Dakota du Sud	60 100 $	24
Kansas	34 173 $	22	Hawaï	60 157 $	23
Minnesota	34 340 $	21	Oregon	62 095 $	22
Massachusetts	34 386 $	20	Texas	62 902 $	21
Saskatchewan	34 473 $	19	Nebraska	63 087 $	20
Canada (sauf Québec)	34 881 $		Colorado	63 772 $	19
Nouveau-Mexique	35 393 $	18	Maryland	63 780 $	18

»

1981		Rang	2011		Rang
Washington	35 449 $	17	Californie	64 162 $	17
Illinois	35 558 $	16	Washington	64 183 $	16
Colombie-Britannique	36 137 $	15	Illinois	64 344 $	15
Connecticut	37 177 $	14	Minnesota	65 070 $	14
Oklahoma	37 399 $	13	Virginie	65 400 $	13
Colorado	37 635 $	12	Terre-Neuve-et-Labrador	65 557 $	12
Delaware	37 798 $	11	Louisiane	66 850 $	11
New York	37 986 $	10	New Jersey	68 157 $	10
Hawaii	38 152 $	9	Saskatchewan	70 654 $	9
Dakota du Nord	38 439 $	8	Dakota du Nord	72 796 $	8
Californie	38 704 $	7	Massachusetts	73 422 $	7
Nevada	39 682 $	6	New York	73 443 $	6
Texas	42 386 $	5	Alberta	78 155 $	5
Louisiane	45 940 $	4	Connecticut	79 331 $	4
Alberta	53 050 $	3	Wyoming	81 739 $	3
Wyoming	65 805 $	2	Alaska	87 762 $	2
Alaska	133 068 $	1	Delaware	89 489 $	1

Sources : U.S. Bureau of Economic Analysis, U.S. Census Bureau ; Cansim, tableaux 384-0001, 384-0038, 051-0001, 380-0056 et 380-0037. Calculs des auteurs.

Le Québec dans le Canada

À l'échelle canadienne, le Québec devançait traditionnellement les provinces maritimes, mais était à la traîne des autres provinces. Or, Terre-Neuve-et-Labrador a enregistré une croissance très rapide, notamment en raison de l'essor de sa production pétrolière, et est aujourd'hui la troisième province la plus riche en termes de PIB par habitant, après l'Alberta et la Saskatchewan. En revanche, le Québec a reculé et est maintenant la quatrième province la plus pauvre.

Cette constatation est d'autant plus désolante qu'elle ne reflète aucunement un phénomène ponctuel dans l'histoire du Québec, mais plutôt une tendance lourde. Comme en témoigne la figure 3.1, en un demi-siècle, et malgré les mesures adoptées à partir de la Révolution tranquille, le poids économique du Québec[22] a toujours été inférieur à son poids démographique[23]. Qui plus est, l'écart moyen enregistré entre ces deux variables entre 2001 et 2011 (3,5 points de pourcentage) s'est détérioré par rapport à ce qu'il était entre 1961 et 2000 (3 points de pourcentage).

Figure 3.1 : Poids démographique et poids économique du Québec dans le Canada

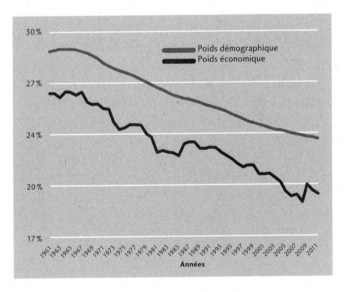

Pour conclure l'analyse sur le niveau de richesse des Québécois, il importe d'observer l'évolution de trois mesures du revenu, soit le revenu total médian, le revenu total moyen et le revenu total moyen après impôts[24]. Malheureusement, les statistiques disponibles, qui couvrent la période entre 1976 et 2010, indiquent que la situation du Québec s'est détériorée (tableau 3.3).

Jadis, les Québécois obtenaient un revenu total médian, un revenu total moyen et un revenu total moyen après impôts équivalents à 97 % de la moyenne canadienne. Sur les dix provinces, le Québec occupait la 4e place. En 2010, les trois mesures du revenu n'atteignaient plus respectivement que 88 %, 86 % et 85 %, et la province avait rejoint le peloton de queue avec la 8e place pour son revenu médian, et la 7e pour son revenu moyen et son revenu moyen après impôts.

Les statistiques révèlent également que les Québécois détiennent le record pour la plus faible hausse des revenus moyens avant et après impôts entre 1976 et 2010. Ensuite, comme si ce qui précède ne suffisait pas, le revenu total médian a reculé de 6,2 % au cours de la même période. Ainsi, en 2010, 50 % de la population touchait un revenu annuel inférieur à 48 800 $. En 1976, ce même segment de la population gagnait un revenu inférieur à 52 000 $ (en dollars de 2010). Ce constat ne signifie qu'une chose : les travailleurs québécois se sont appauvris en termes absolus entre 1976 et 2010. À cet égard, seule la Colombie-Britannique a fait pire que le Québec avec une chute de 9,1 % de revenu total médian. En revanche, l'Île-du-Prince-Édouard, l'Alberta, la Saskatchewan et le Manitoba ont vu leurs revenus médians grimper respectivement de 29,8 %, 25 %, 20,2 % et 17,9 %.

Tableau 3.3 : Revenu total médian, revenu total moyen et revenu total moyen après impôts. Total et par quintile, au Québec et au Canada, de 1976 à 2010, en dollars de 2010

	Total	Quintile inférieur	Quintile supérieur
REVENU TOTAL MÉDIAN			
Rang en 1976 et en 2010	4ᵉ / 8ᵉ	-	-
En % de la moyenne canadienne en 1976 et en 2010	97 % / 88 %	-	-
Croissance annuelle moyenne entre 1976 et 2010	-0,2 % (0,1 %)	-	-
Croissance totale entre 1976 et 2010	-6 % (3 %)	-	-
REVENU TOTAL MOYEN			
Rang en 1976 et en 2010	4ᵉ / 7e	4ᵉ / 8e	4ᵉ / 7ᵉ
En % de la moyenne canadienne en 1976 et en 2010	97 % / 86 %	105 % / 95 %	96 % / 84 %
Croissance annuelle moyenne entre 1976 et 2010	0,1 % (0,5 %)	0,2 % (0,5 %)	0,4 % (0,8 %)
Croissance totale entre 1976 et 2010	5 % (18 %)	7 % (18 %)	14 % (30 %)
REVENU TOTAL MOYEN APRÈS IMPÔTS			
Rang en 1976 et en 2010	4ᵉ / 7ᵉ	4ᵉ / 8ᵉ	4ᵉ / 7ᵉ
En % de la moyenne canadienne en 1976 et en 2010	97 % / 85 %	106 % / 94 %	96 % / 83 %
Croissance annuelle moyenne entre 1976 et 2010	0,1 % (0,5 %)	0,1 % (0,4 %)	0,3 % (0,7 %)
Croissance totale entre 1976 et 2010	3 % (18 %)	3 % (16 %)	10 % (27 %)

Source : Cansim, tableaux 202-0411 et 202-0701. Calculs des auteurs.

Les revenus pour les quintiles inférieur et supérieur suivent les mêmes tendances que pour l'ensemble de la population. En 1976, les Québécois qui se trouvaient dans les quintiles inférieur et supérieur arrivaient au 4e rang tant pour le revenu total moyen que pour le revenu total moyen après impôts. Trente-quatre ans plus tard, avec une croissance annuelle moyenne sensiblement plus lente au Québec que dans l'ensemble du Canada, les Québécois du quintile supérieur n'occupent plus que le 7e rang et ceux du quintile inférieur, le 8e rang.

Ainsi, autrefois, les riches Québécois étaient parmi les plus riches au Canada, et les pauvres étaient parmi les moins pauvres. Aujourd'hui, c'est l'inverse. Les riches sont parmi les moins riches, et les pauvres parmi les plus pauvres.

Pourquoi ?

L'analyse qui précède présente plusieurs points de comparaison et plusieurs mesures du niveau de vie, et elle couvre une période suffisamment longue pour mettre en évidence les tendances à long terme.

Le constat final est sans équivoque : le Québec est riche à l'échelle mondiale, mais il accuse un appauvrissement relatif par rapport aux pays de l'OCDE, à l'ensemble de l'Amérique du Nord et aux autres provinces canadiennes.

Les explications avancées pour justifier une performance aussi décevante sont nombreuses. Pour certains, l'aide au démarrage d'entreprises a été – et est toujours – insuffisante. Pour d'autres, ce sont les choix politiques, tels que le sous-financement de l'éducation, qui sont à blâmer. Pour d'autres encore, la faute incombe aux nouvelles générations et au fait qu'elles valorisent peu le travail. En réalité, la prospérité d'une société dépend essentiellement de l'environnement économique dans lequel baignent les travailleurs, les entrepreneurs et les investisseurs. Les chapitres qui suivent offrent une description factuelle des principales variables qui forment le contexte économique et qui conditionnent les décisions et les choix des individus et des entreprises. Le lecteur pourra alors juger si le « modèle québécois » que nous avons bâti est favorable ou non à la création de richesse.

Chapitre 4

UNE LOCOMOTIVE EN PANNE

« On considère le chef d'entreprise
comme un homme à abattre ou une vache à traire.
Peu voient en lui le cheval qui tire le char. »
WINSTON CHURCHILL

Au XVIIe siècle, Richard Cantillon, l'un des pères fondateurs de la pensée économique moderne, avait déjà reconnu l'importance de l'entrepreneur et de l'entrepreneuriat dans le développement des sociétés. Il a été le premier à employer le terme « entrepreneur » et à le définir comme étant celui qui, en plus d'être responsable de la production, de la distribution et de la vente de biens, accepte de payer des coûts de production certains en échange de revenus incertains.

Au fil du temps, cette conception du rôle de l'entrepreneur a orienté les travaux des économistes les plus influents de l'histoire, notamment Adam Smith, François Quesnay, Anne Robert Jacques Turgot, Jean-Baptiste Say, Fréderic Bastiat et Joseph Schumpeter. Aujourd'hui, la preuve n'est plus à faire. Il est admis que l'entrepreneur crée des emplois et de la richesse et qu'il représente, par conséquent, l'un des principaux moteurs de croissance économique.

À l'instar des décideurs publics de partout à travers le monde, la classe politique québécoise mise beaucoup sur l'instinct entrepreneurial et sur la performance des entreprises pour galvaniser l'activité économique et faire rayonner la province. C'est d'ailleurs ce qui la motive, depuis plusieurs décennies, à redoubler d'efforts pour encourager la création d'entreprises, renforcer leur compétitivité et favoriser leur pérennité.

En l'occurrence, le gouvernement du Québec a adopté en 2011 sa Stratégie québécoise de l'entrepreneuriat. Cette initiative, qui est venue s'ajouter aux nombreuses autres déjà en place, a pour objectif clairement avoué d'attiser la flamme entrepreneuriale des Québécois en valorisant la profession d'entrepreneur, en facilitant l'accès au financement et en offrant des programmes d'accompagnement et de mentorat.

Grâce à la contribution du secteur privé, cette nouvelle stratégie permettra à Québec d'injecter 443 millions de dollars supplémentaires en trois ans. Si l'on tient compte des mesures existantes, le soutien à l'entrepreneuriat bénéficiera au total de 2,6 milliards de dollars en trois ans, soit environ 325 $ par habitant[25]. Sur une base annuelle, cette aide avoisine le budget total du ministère des Transports ou du ministère de la Justice[26].

Bien que non négligeables, ces chiffres sous-estiment la réalité. Pour donner un aperçu fidèle du niveau d'intervention étatique dont les entreprises font l'objet, il faut prendre en considération la totalité des subventions versées par l'ensemble des administrations publiques. Le constat est alors sans équivoque : le Québec est la province canadienne qui subventionne le plus ses entreprises.

En 2009, année la plus récente pour laquelle des statistiques sont disponibles, les entreprises québécoises ont reçu des divers paliers gouvernementaux

7,8 milliards de dollars ou 993 $ par habitant, soit un montant presque équivalent aux budgets du ministère de l'Enseignement supérieur et du ministère de la Justice[27] réunis (figure 4.1). Notons en particulier que les subventions versées aux entreprises québécoises représentent plus du double de celles octroyées en moyenne aux entreprises situées dans le reste du Canada.

Figure 4.1 : Subventions totales des administrations publiques par habitant, 2009

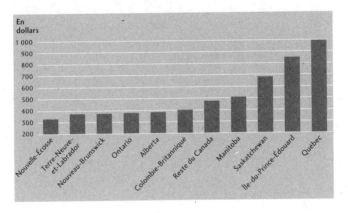

Quand on regarde la tendance depuis 1989 (figure 4.2), on remarque que la détermination de l'État québécois à promouvoir l'entrepreneuriat et à soutenir le Québec inc. est confirmée. En deux décennies, les subventions accordées par les administrations publiques québécoises ont augmenté de 72,5 % (en dollars constants de 2009). Non seulement cette hausse est la plus importante au Canada, mais elle tranche radicalement avec la situation dans les autres provinces, où les subventions ont en moyenne diminué de 32,4 %.

Si on limite notre comparaison aux provinces autres que le Québec qui ont versé plus de subventions en 2009 qu'en 1989, la générosité du Québec demeure exceptionnelle. La hausse des subventions enregistrée pour l'Île-du-Prince-Édouard, le Nouveau-Brunswick, l'Ontario et la Colombie-Britannique a été de 16 % en moyenne. Les largesses de l'État québécois sont donc sans commune mesure avec ce que l'on observe dans les quatre autres provinces les plus généreuses envers les entreprises.

Figure 4.2 : Variation des subventions totales des administrations publiques par habitant, 1989-2009

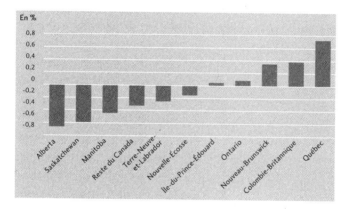

LE PARADOXE QUÉBÉCOIS

Les intentions qui motivent une politique publique, tout comme les efforts qu'elle mobilise de la part de l'État ne sont jamais garants des résultats obtenus. Si l'État québécois n'hésite pas à épauler ses entrepreneurs et ses entreprises plus que partout ailleurs au Canada, il reste à vérifier si ses initiatives ont porté leurs fruits. Au vu des montants investis et de la prolifération des actions ciblées, on serait en droit de s'attendre à ce que le Québec soit une véritable pépinière de nouveaux entrepreneurs ainsi qu'une fourmilière d'entreprises performantes.

La réalité ne semble toutefois pas à la hauteur des attentes. Selon une étude réalisée en 2012 par la Fondation de l'entrepreneurship, le Québec accuse depuis plusieurs années un retard par rapport au reste du Canada en ce qui concerne son dynamisme entrepreneurial. Plus précisément, à peine 10,2 % de la population québécoise adulte est propriétaire d'entreprises, contre 17,5 % dans le reste du Canada[28]. De plus, à peine 6,3 % des Québécois déclarent avoir réalisé des démarches entrepreneuriales au cours des dernières années en vue de créer ou de reprendre une entreprise, contre 8,5 % dans le reste du Canada[29].

Les observations émises par la Fondation de l'entrepreneurship, bien que basées sur un sondage internet auprès de 13 179 répondants, sont confirmées par les statistiques quant à l'évolution du nombre d'emplacements commerciaux par millier d'habitants. Cette variable, bien qu'imparfaite, indique que le Québec a reculé au cours de la dernière décennie, passant du cinquième rang en 2002 au sixième rang en 2011. S'il s'agissait uniquement d'un recul en termes relatifs, le mal serait moindre. Or, ce n'est pas le cas. Par rapport à la population, il existe aujourd'hui moins d'entreprises qu'en 2002.

Certes, la décroissance du nombre d'emplacements commerciaux par habitant semble être un phénomène pancanadien. Ce serait toutefois une erreur d'y voir une raison pour minimiser la gravité de la situation. Alors que cette statistique affiche un déclin de 1,1 % dans le reste du Canada, elle est en chute de 6,5 % au Québec. Seul le Nouveau-Brunswick fait légèrement pire avec une baisse de 6,6 % (tableau 4.1).

Tableau 4.1 : Nombre d'emplacements commerciaux par millier d'habitants

	2002		2011		Variation 2002-2011	
	Nombre	Rang	Nombre	Rang	%	Rang
Saskatchewan	94,6	1	90	1	-4,9	0
Alberta	91,2	2	89	2	-2,4	0
Île-du-Prince-Édouard	75,4	3	71	4	-5,8	-1
Colombie-Britannique	75	4	80	3	6,7	1
Reste du Canada	69,8		69		-1,1	
Québec	66,3	5	62	6	-6,5	-1
Manitoba	65,7	6	62	7	-5,6	-1
Ontario	63,8	7	66	5	3,4	2
Nouveau-Brunswick	58,9	8	55	9	-6,6	-1
Nouvelle-Écosse	54,7	9	57	8	4,2	1
Terre-Neuve-et-Labrador	48,6	10	51	10	4,9	0

Source : Industrie Canada, *Archivée – Principales statistiques relatives aux petites entreprises – juillet 2012*, [en ligne]. [www.ic.gc.ca] (27 décembre 2013).

Ce constat est d'autant plus inquiétant que rien ne laisse présager un revirement de la tendance. Au contraire, selon une étude publiée en 2010 par le ministère du Développement économique, de l'Innovation et de l'Exportation (MDEIE)[30], l'entrepreneuriat continuera de reculer au Québec au cours des prochaines années. D'une part, les propriétaires d'entreprise qui prendront leur retraite seront plus nombreux au Québec qu'en Ontario et qu'ailleurs au Canada. D'autre part, on s'attend à ce que la relève soit insuffisante. Au total, le Québec devra faire face à un déficit d'environ 25 000 entrepreneurs en 2018[31].

Sur le même thème, une étude réalisée en 2010 par la Fondation de l'entrepreneurship présente des pronostics nettement plus alarmants. Selon cet organisme, il manquera au Québec 38 000 entrepreneurs pour prendre la relève de ceux qui partiront à la retraite d'ici 2020. Au-delà de cette date, c'est 111 000 entrepreneurs qui manqueront à l'appel[32].

LES ENTREPRISES QUÉBÉCOISES SONT-ELLES PLUS PERFORMANTES?

Une comparaison basée uniquement sur le nombre d'établissements est certes incomplète dans la mesure où tous les établissements ne sont pas identiques. Plus précisément, on pourrait se demander si les subventions aux entreprises et les politiques publiques favorables à l'entrepreneuriat au lieu de provoquer la multiplication des établissements se traduisent plutôt par des établissements de plus grande taille ou par des établissements plus performants.

En ce qui concerne la taille des entreprises, mesurée en fonction du nombre de travailleurs à leur service, le Québec affiche légèrement moins de très petites et de petites entreprises (tableau 4.2) que le reste du Canada. Si le Québec semble héberger une plus grande proportion de moyennes entreprises, elle perd cet avantage quand il s'agit de grandes entreprises. Toutefois, les variations entre les provinces, de l'ordre de quelques dixièmes de pourcentage, sont insignifiantes, et il serait donc erroné d'y voir une quelconque corrélation avec l'aide gouvernementale. D'ailleurs, alors que les subventions totales versées en Ontario par l'ensemble des paliers de gouvernement atteignent à peine 38 % de celles octroyées au Québec, l'Ontario compte une plus grande proportion de grandes entreprises, mais à peu près autant de très petites, de petites et de moyennes entreprises.

Tableau 4.2 : Taille de l'entreprise selon le nombre d'employés, 2011

	Très petites (<50)	Rang	Petites (<100)	Rang	Moyennes (100 – 499)	Rang	Grandes (500 +)	Rang
Terre-Neuve-et-Labrador	96,3 %	1	98,3 %	4	1,5 %	4	0,2 %	2
Île-du-Prince-Édouard	96,3 %	1	98,6 %	1	1,3 %	6	0,2 %	2
Nouvelle-Écosse	95,6 %	5	98,1 %	6	1,6 %	3	0,2 %	2
Nouveau-Brunswick	96,0 %	3	98,2 %	5	1,6 %	3	0,2 %	2
Québec	95,3 %	6	98,1 %	6	1,7 %	2	0,2 %	2
Ontario	95,1 %	7	97,8 %	7	1,9 %	1	0,3 %	1
Manitoba	94,9 %	8	97,8 %	7	1,9 %	1	0,3 %	1
Saskatchewan	96,2 %	2	98,4 %	3	1,4 %	5	0,2 %	2
Alberta	95,8 %	4	98,2 %	5	1,6 %	3	0,2 %	2
Colombie-Britannique	96,2 %	2	98,5 %	2	1,3 %	6	0,2 %	2
Reste du Canada	95,8 %		98,2 %		1,6 %		0,2 %	
Canada	95,6 %		98,1 %		1,7 %		0,2 %	

Source : *Ibid.* (21 juin 2013)

En ce qui a trait à la performance des entreprises, il est intéressant de classer les provinces en fonction du PIB moyen par emplacement commercial. À cet égard, le tableau 4.3 révèle une hausse de 16,1 % en dix ans de la valeur de la production des établissements commerciaux situés au Québec. Derrière cette statistique en apparence flatteuse se cache néanmoins une réalité moins réjouissante.

Alors qu'en 2002 le PIB par emplacement commercial québécois atteignait 100,7 % de celui enregistré dans le reste du Canada, il ne représente plus que 89,3 % en 2011. Seules l'Île-du-Prince-Édouard et la Colombie-Britannique réussissent moins bien que le Québec à ce chapitre.

Certes, on peut s'attendre à une corrélation négative entre le nombre d'emplacements commerciaux par millier d'habitants et la contribution au PIB par emplacement commercial. Ainsi, plus le nombre d'emplacements par millier d'habitants est élevé, plus le PIB par emplacement devrait être faible, et inversement.

Cette relation est vérifiée quand on compare le Québec avec Terre-Neuve-et-Labrador, la Nouvelle-Écosse, le Nouveau-Brunswick, l'Île-du-Prince-Édouard et la Colombie-Britannique. Par contre, alors que l'Ontario, le Manitoba, la Saskatchewan et la Colombie-Britannique ont tous autant d'emplacements commerciaux que le Québec, sinon davantage, le PIB par emplacement dans chacune de ces provinces y est plus élevé. Pourtant, vu l'aide dont bénéficient les entreprises québécoises, on aurait pu espérer d'elles une contribution au PIB au moins équivalente à celles des provinces ci-dessus.

Tableau 4.3 : PIB par emplacement commercial, en milliers de dollars, en dollars de 2011

	2002		2011		Variation 2002-2011	
	En milliers de dollars	Rang	En milliers de dollars	Rang	%	Rang
Ontario	689	1	688	5	-0,2	-4
Terre-Neuve-et-Labrador	639	2	1 084	1	69,6	1
Alberta	637	3	775	2	21,7	1
Nouvelle-Écosse	585	4	674	6	15,2	-2
Québec	556	5	646	8	16,1	-3
Nouveau-Brunswick	552	6	705	3	27,8	3
Manitoba	550	7	700	4	27,2	3
Colombie-Britannique	504	8	551	9	9,4	-1
Saskatchewan	418	9	660	7	57,7	2
Île-du-Prince-Édouard	394	10	484	10	22,7	0
Reste du Canada	552		723		31,0	
Canada	508		649		27,6	

Source : *Ibid.* (23 janvier 2013)

Pour mesurer la santé des entreprises, le taux de faillite et le taux d'insolvabilité sont deux statistiques fortement révélatrices. Le taux de faillite comptabilise le nombre de faillites commerciales par millier d'entreprises, une entreprise en faillite étant celle qui cesse ses opérations et qui liquide ses actifs afin que le produit de ces ventes soit distribué entre ses créanciers. Pour éviter la faillite, l'entreprise peut présenter une « proposition » à ses créanciers, soit une entente selon laquelle elle s'engage à payer une fraction de ses dettes. Quand on additionne les entreprises en faillite et celles qui ont présenté une proposition, on obtient un tableau de l'insolvabilité commerciale. Le taux

Réinventer le Québec

d'insolvabilité représente alors le nombre de défauts de paiement par millier d'entreprises.

Tableau 4.4 : Taux de faillite et taux d'insolvabilité, au Québec et dans le reste du Canada, 1998-2011

	Taux de faillites par 1000 entreprises			Taux d'insolvabilité par 1000 entreprises		
	Québec	Reste du Canada	Québec/ Reste du Canada	Québec	Reste du Canada	Québec/ Reste du Canada
1998	11,8	5,8	203,4 %	13,6	6,4	212,5 %
1999	7,5	4,6	163,0 %	9	5,1	176,5 %
2000	6,3	4,6	137,0 %	7,7	5,1	151,0 %
2001	5,8	4,8	120,8 %	7,2	5,3	135,8 %
2002	4,5	4,3	104,7 %	5,9	4,9	120,4 %
2003	4,4	3,9	112,8 %	5,7	4,4	129,5 %
2004	3,8	3,5	108,6 %	4,9	4	122,5 %
2005	3,7	3,5	105,7 %	4,8	4	120,0 %
2006	3,8	3	126,7 %	4,9	3,4	144,1 %
2007	4,2	2,3	182,6 %	5,3	2,7	196,3 %
2008	4,6	2,1	219,0 %	5,8	2,5	232,0 %
2009	4,1	1,9	215,8 %	5,5	2,2	250,0 %
2010	3,3	1,4	235,7 %	4,5	1,7	264,7 %
2011	3,2	1,1	290,9 %	4,3	1,4	307,1 %

Sources : Industrie Canada, Bureau du surintendant des faillites, *Taux annuels d'insolvabilité commerciale par province et région économique*, [en ligne]. [www.ic.gc.ca] (27 décembre 2013)

Le tableau 4.4 indique que les taux de faillite et d'insolvabilité enregistrés au Québec ont été supérieurs à ceux du reste du Canada pendant toute la période entre 1998 et 2011. Il serait évidemment erroné de conclure que la générosité des subventions conduit à l'insolvabilité. Toutefois, elles y contribuent dans la mesure où elles encouragent la réalisation de projets d'investissements qui n'auraient jamais vu le jour autrement parce que des investisseurs privés les auraient jugés non rentables. Chose certaine, les statistiques suggèrent que l'octroi de subventions ne garantit ni un niveau élevé d'entrepreneuriat ni la pérennité des entreprises.

CULTURE OU ENVIRONNEMENT ?

Comment expliquer que les Québécois soient moins nombreux à démarrer leur propre entreprise ? Pourquoi ne passent-ils donc pas à l'action alors qu'ils sont nombreux à en caresser l'idée ? Est-ce une question de culture ou est-ce le résultat de l'environnement ?

Selon la Fondation de l'entrepreneurship, un des facteurs importants qui « retient notre potentiel entrepreneurial au sol et l'empêche de prendre son envol » est le succès financier perçu négativement au Québec (40 % contre 28 % dans le reste du Canada). Il semble donc important de transmettre un message clair, à savoir que la création de richesse et le succès entrepreneurial sont des motifs de fierté et non une source de gêne.

La culture ne suffit pas toutefois à tout expliquer. Une étude a d'ailleurs montré que les francophones à l'extérieur du Québec sont presque aussi entrepreneurs que les anglophones (15 % et 17 % respectivement)[33]. Autrement dit, les francophones sont deux fois plus entrepreneurs lorsqu'ils vivent ailleurs au Canada[34].

Le rôle de l'environnement d'affaires ne peut donc être ignoré. Il dépend, entre autres, de la bureaucratie imposée aux entreprises. Pour être compétitives et en bonne santé financière, les entreprises doivent pouvoir compter sur une réglementation peu contraignante tout en étant efficace. Il faut surtout permettre aux dirigeants et aux employés de consacrer le maximum de temps possible au bon fonctionnement de l'entreprise plutôt qu'aux formalités administratives. Or, selon une étude réalisée par le Gouvernement du Canada en 2008, c'est au Québec que le nombre moyen de documents produits par entreprise est le plus élevé. Il est 16 % plus élevé que dans l'ensemble du Canada, et 26 % plus élevé qu'en Ontario[35]. Pour sa part, la Fédération canadienne de l'entreprise indépendante estime qu'en 2012 la réglementation a coûté aux entreprises québécoises l'équivalent de 2 % du PIB, contre 1,7 % du PIB dans l'ensemble du Canada. Seule l'Île-du-Prince-Édouard fait pire que le Québec avec un fardeau réglementaire de l'ordre de 2,3 % du PIB[36].

L'environnement d'affaires dépend également du coût total de la main-d'œuvre, soit le salaire versé augmenté des charges sur la masse salariale[37]. Selon des calculs effectués par le Conseil du patronat du Québec, un salaire brut de 40 000 $ occasionne une dépense de plus de 45 000 $ à une entreprise québécoise, soit une dépense plus importante que si elle était située en Ontario, en Colombie-Britannique ou en Alberta.

Les taxes sur la masse salariale ainsi que l'ensemble des lois relatives au marché du travail déterminent la nature des relations entre les employeurs, les syndicats et les employés et, par ricochet, la rapidité avec laquelle le marché du travail s'adapte à la conjoncture économique. À cet égard, des études empiriques ont montré que plus les lois sont nombreuses, plus le marché du travail est rigide, plus le chômage est élevé, et plus l'investissement et la croissance économique sont faibles[38,39,40]. Malheureusement, selon une étude de l'Institut Fraser qui évalue l'impact des lois du travail à travers les cinquante États américains et les dix provinces canadiennes, le Québec se situe au dernier rang[41]. Le Québec est donc, en Amérique du Nord, la région où les lois du travail sont les plus préjudiciables au bon fonctionnement et à la croissance du marché du travail.

Finalement, l'environnement d'affaires est particulièrement sensible au régime fiscal, aux infrastructures de transport et à l'état des finances publiques. Pour évaluer l'effet combiné de ces variables et de celles présentées ci-dessus, l'Institut Fraser a établi un indice composite baptisé le « climat d'investissement ». Dans le classement effectué pour l'année 2010, le Québec y fait piètre figure, malgré les subventions exceptionnelles dont bénéficient les entreprises. Ainsi, sur les dix provinces canadiennes, il arrive au 7e rang, devant Terre-Neuve-et-Labrador, la Nouvelle-Écosse et l'Île-du-Prince-Édouard. En revanche, l'Alberta et la Saskatchewan, où les subventions aux entreprises ont le plus diminué entre 1989 et 2009, sont les deux provinces à offrir le meilleur climat d'affaires.

Au terme de ce chapitre, une question s'impose naturellement : pourquoi le Québec s'évertue-t-il à offrir à ses entreprises des subventions colossales si, du même souffle, il leur impose un environnement hostile aux affaires ?

Chapitre 5

TRAVAILLER, C'EST TROP DUR !

« Le premier des droits de l'homme,
c'est la liberté individuelle, la liberté de la propriété,
la liberté de la pensée, la liberté du travail. »

JEAN JAURÈS

On peut illustrer l'ampleur de l'enlisement économique relatif du Québec à l'aide des constats suivants, révélateurs d'un marché du travail – y compris la création d'emplois, les investissements des entreprises comme facteurs de productivité et l'évolution de la population – en bonne partie dysfonctionnel.

Au cours de trois décennies de 1981 à 2011, le Québec a créé près de 1,2 million d'emplois, ce qui représente 19,4 % des emplois créés au Canada, mais seulement 17,4 % des emplois à temps plein. Si le Québec avait créé des emplois au même rythme que le reste du Canada (ROC) sur ces trente années, nous aurions eu 426 000 emplois de plus en 2011. Pour que le taux d'emploi au Québec (60,2 % en moyenne pour les dix dernières années, 2001 à 2011) atteigne celui du ROC (63,1 %), il nous faudrait quelque 190 000 emplois de plus, soit 4,8 % de plus que les 3,95 millions d'emplois disponibles. Le taux d'activité moyen pour 2002 à 2011 était de 65,5 % au Québec, comparativement à 67,7 % dans le ROC, ce qui signifie que notre taux de chômage serait sur une base comparable de 2,2 points de pourcentage supérieur au taux officiel, donc de 10,4 % contre 7,5 % dans le ROC[42]. La création d'emplois au Québec a été depuis trente ans et reste encore aujourd'hui systématiquement et structurellement faible par rapport au reste du Canada et aux États-Unis[43] bien que fort enviable par rapport à plusieurs pays de l'OCDE (tableau 5.1).

Tableau 5.1 : L'emploi

	Emplois en milliers			% de variation		
	1981	2007	2011	1981-2007	2007-2011	1981-2011
Finlande	2 392	2 487	2 510	4,0 %	0,9 %	4,9 %
Suède	4 287	4 565	4 602	6,5 %	0,8 %	7,3 %
Royaume-Uni	24 430	29 229	29 169	19,6 %	-0,2 %	19,4 %
France	22 599	27 468	27 312	21,5 %	-0,6 %	20,9 %
Allemagne	34 285	39 791	41 116	16,1 %	3,3 %	19,9 %
États-Unis	103 399	148 295	142 183	43,4 %	-4,1 %	37,5 %
Canada	11 504	16 998	17 511	47,8 %	3,0 %	52,2 %
Québec	2 841	3 878	4 001	36,5 %	3,2 %	40,8 %

Sources : OCDE, Statistique Canada et ISQ.

Les investissements des entreprises exprimés en pourcentage du PIB sont également systématiquement inférieurs à ce qu'ils sont dans le ROC depuis trente ans. La différence représente pour la dernière décennie un sous-investissement d'environ 75 milliards de dollars. En tenant compte des investissements des administrations publiques, qui sont en pourcentage du PIB plus élevés au Québec, le sous-investissement est de 53 milliards de dollars. Donc un manque systématique d'investissements de l'ordre de 5 à 8 milliards par an : collectivement, nous favorisons relativement trop la consommation privée et publique par rapport aux investissements. Le sous-investissement chronique est à la fois le témoin et le précurseur d'une dégradation de la position concurrentielle du Québec.

Cette situation est problématique, car nous exportons depuis dix ans quelque 55 % de notre production de biens et services (20 % au ROC et 35 % à l'international) et ainsi près de trois emplois sur cinq au Québec dépendent de marchés extérieurs. L'effort du Québec sur le plan des investissements des entreprises est structurellement inférieur à celui du ROC, ce qui entraîne une trop faible croissance de la productivité du travail.

Au cours des trente années de 1981 à 2011, le niveau de notre PIB par emploi, une mesure de notre compétitivité et de la croissance de notre productivité, a augmenté de 28 % comparativement à 38 % pour l'ensemble du Canada, 62 % aux États-Unis, 83 % en Suède et 90 % en Finlande. Sur la même période de trois décennies, le PIB réel par habitant a augmenté de 48 % au Québec comparativement à 51 % pour l'ensemble du Canada, 64 % aux États-Unis, 73 % en Suède et 78 % en Finlande (tableaux 5.2, 5.3 et 5.4).

Tableau 5.2 : PIB réel par habitant

	Prix et PPA constants, en dollars US			% de variation		
	1981	2007	2011	1981-2007	2007-2011	1981-2011
Finlande	18 010	33 501	32 036	86,0	-4,4	77,9
Suède	20 297	34 783	35 151	71,4	1,1	73,2
Royaume-Uni	17 486	34 605	32 865	97,9	-5,0	87,9
France	20 369	30 576	30 081	50,1	-1,6	47,7
Allemagne	20 936	33 404	34 581	59,6	3,5	65,2
États-Unis	25 841	43 568	42 385	68,6	-2,7	64,0
Canada	23 660	36 124	35 697	52,7	-1,2	50,9
Québec	21 507	31 320	31 806	45,6	1,6	47,9

Sources : OCDE, Statistique Canada et ISQ

Tableau 5.3 : PIB par emploi

	Prix et PPA constants, en dollars US			% de variation		
	1981	2007	2011	1981-2007	2007-2011	1981-2011
Finlande	36 146	71 238	68 766	97,1	-3,5	90,2
Suède	39 392	70 328	72 123	78,5	2,6	83,1
Royaume-Uni	40 338	72 204	70 683	79,0	-2,1	75,2
France	49 950	70 999	71 441	42,1	0,6	43,0
Allemagne	47 887	69 059	68 781	44,2	-0,4	43,6
États-Unis	57 483	88 637	93 020	54,2	4,9	61,8
Canada	51 049	69 984	70 297	37,1	0,4	37,7
Québec	49 608	62 274	63 381	25,5	1,8	27,8

Sources : OCDE, Statistique Canada et ISQ.

Tableau 5.4 : Croissance des heures travaillées et PIB réel (prix et PPA constants) par heure travaillée

	Heures travaillées		PIB réel par heure travaillée	
	1981-2007	1981-2011	1981-2007	1981-2011
Finlande	-4,4 %	-4,7 %	114,3 %	109,6 %
Suède	14,3 %	17,0 %	64,9 %	67,9 %
Royaume-Uni	17,3 %	13,5 %	82,5 %	84,4 %
France	1,6 %	0,4 %	70,0 %	72,1 %
Allemagne	-4,6 %	-2,0 %	75,4 %	75,8 %
États-Unis	42,9 %	36,2 %	54,7 %	63,4 %
Canada	41,7 %	43,0 %	42,9 %	46,6 %
Québec	36,9 %	38,5 %	37,4 %	39,9 %

Sources : OCDE, Statistique Canada et ISQ

L'écart de PIB réel par habitant entre le Québec et le ROC a augmenté de 73 % sur la même période, passant de 3 225 $ à 5 575 $. En d'autres termes, la valeur réelle de l'ensemble des biens et services produits en 2011 par une famille québécoise de quatre personnes était en moyenne de 16 % inférieure à celle d'une famille comparable du ROC.

Cette performance économique décevante a des répercussions sur l'évolution de la population. Au cours de la même période, le nombre de jeunes âgés de moins de 15 ans a *diminué* au Québec de 11,7 % mais a *augmenté* de 6,5 % dans le ROC (16,0 % en Ontario) et de 21,8 % aux États-Unis. De même, le nombre de jeunes travailleurs, âgés de 15 à 44 ans, a *diminué* au Québec de 5,4 % mais a *augmenté* de 22,6 % dans le ROC (28,8 % en Ontario) et de 15,0 % aux États-Unis.

Le Québec *perd* sa population, en particulier ses jeunes (15 ans et moins) et ses jeunes travailleurs (moins de 44 ans), qui ne semblent pas trouver ici les défis et circonstances favorables qui seraient susceptibles de les emballer. Le Québec perd sa capacité entrepreneuriale, les entreprises d'ici ne trouvant pas assez rentable d'investir ici et préférant investir chez nos principaux partenaires économiques que sont le ROC et les États-Unis. Malgré la hausse récente des naissances, les Québécois se reproduisent trop peu, peut-être par crainte d'un avenir trop difficile, trop incertain et trop exigeant, et le Québec n'est pas, comparativement à ses principaux concurrents, une terre d'immigration suffisamment accueillante sur les plans social, économique ou administratif pour compenser le faible taux de renouvellement interne de la population.

La situation de sous-performance relative du Québec par rapport au ROC et aux États-Unis, ses principaux partenaires économiques, ne s'améliore pas et a tendance à se perpétuer sinon à s'aggraver :
- la création d'emplois à temps plein est relativement anémique depuis plus de trois décennies ;
- le taux d'activité reste relativement faible, et le taux de chômage est relativement élevé et sérieusement sous-évalué.

La performance économique du Québec, si elle devait continuer sur le même gradient que celui que l'on observe depuis trente ans, laisse entrevoir des problèmes de plus en plus graves dans tous les secteurs, dans tous les domaines et dans toutes les régions. On remarquera entre autres :

- la dégradation relative des services de santé et des services sociaux ;
- la baisse de la qualité relative de l'éducation à tous les niveaux, tant ceux de la formation scientifique et professionnelle que celui de la formation continue ;
- le dépérissement relatif ou le développement plus lent des infrastructures (routes, eau potable et eaux usées, télécommunications, aéroports, inforoute) avec des effets néfastes pour le développement régional, entre autres ;
- la dégradation de l'environnement ;
- le dépérissement relatif des industries culturelles (musique, danse, théâtre, musées, festivals) ;
- la baisse de la qualité relative des activités récréatives de toutes sortes (y compris la capacité d'accueillir et de conserver des équipes d'élite dans les sports amateurs et professionnels).

On parle bien ici de dégradation relative et non absolue. La croissance économique québécoise de près de 2,0 % par an depuis trois décennies a permis au Québec de réaliser des gains de niveau de vie appréciables. Mais la concurrence de sociétés régionales (villes, provinces et États) plus performantes dans la génération de richesse privée et collective (croissance économique depuis trois décennies de 2,7 % dans le ROC, de 2,6 % en Ontario et de 2,7 % aux États-Unis) entraînera peu à peu la dégradation *relative* des services et des institutions du Québec.

Il faut réaffirmer d'abord et avant tout qu'il n'y a aucune raison de croire que les Québécois diffèrent des Américains ou des autres Canadiens dans leur désir individuel et collectif de bonifier leur niveau de vie et celui de leurs enfants et dans leur capacité d'y arriver. Mais plusieurs défis devront être relevés. Il revient en bonne partie aux citoyens du Québec de décider de relever ces défis et d'entreprendre les réformes nécessaires à leur épanouissement collectif au sein de la société nord-américaine.

Nous sommes d'une certaine manière obligés d'être plus efficaces et plus innovateurs que nos principaux concurrents, en particulier dans les vingt prochaines années, durant lesquelles il faut renverser la tendance actuelle vers la marginalisation relative en faveur d'une véritable convergence de la valeur de notre production (PIB) par habitant, non seulement en termes de taux de croissance mais aussi et surtout en termes de niveau absolu : le PIB réel par habitant du ROC des dix dernières années a été près de 18 % supérieur à celui du Québec ; il était de 17 % supérieur au cours des deux décennies précédentes.

La sous-performance économique du Québec résulte essentiellement de trois causes principales, plus flagrantes en termes relatifs qu'en termes absolus :

- un manque généralisé d'incitations à l'adaptation, à la performance et à l'innovation ;
- le vieillissement des mécanismes publics de coordination et d'affectation des ressources ;
- la manipulation opaque et pernicieuse des prix comme mécanisme privilégié de soutien et de subventions aux groupes sociaux et aux groupes d'intérêts organisés.

Bref, elle résulte de la sous-performance de nos institutions, organisations et entreprises privées et publiques à :

– assurer l'affectation, l'utilisation et le développement efficaces des ressources : les bonnes ressources aux bons endroits, aux bons moments, pour la production des bons produits et services ;
– motiver les individus à :
  • se prendre en charge,
  • intensifier leurs contributions au mieux-être de la société,
  • accroître, adapter et maintenir en continu leur portefeuille de compétences et leur productivité.

Pour réaliser l'énorme potentiel de création de richesse au Québec, il faut se convaincre collectivement et individuellement de mettre fin aux stratégies de capture de rentes que poursuivent trop de groupes de pression. Il faut miser sur une recherche collective et individuelle, systématique et consciente de façons et de moyens de contribuer davantage au mieux-être de la société.

Ainsi, le taux d'emploi (et le taux d'activité) relativement faible dans tous les groupes d'âge au Québec par rapport au ROC et aux États-Unis et les pertes de croissance et de richesse qui en découlent sont en bonne partie tributaire des facteurs suivants.

D'abord, le discours sociopolitique qui pendant longtemps a prôné (et prône trop souvent encore aujourd'hui) la prise de retraite à 55-60 ans peut finir par donner aux citoyens l'impression que la meilleure façon de contribuer au bien-être de ses concitoyens est de cesser de travailler. De toute évidence, c'est là une énorme fausseté que trop de nos dirigeants sociaux, économiques et politiques se sont évertués à répéter et à véhiculer en s'imaginant régler un problème global de sous-emploi chronique en empêchant les gens de travailler ! Ce discours change maintenant devant le manque appréhendé de main-d'œuvre, mais les dégâts sont encore omniprésents.

Le syndrome de la retraite hâtive est une source importante parmi d'autres de l'appauvrissement relatif du Québec. Le taux d'emploi des hommes de 55 à 64 ans a chuté de 22 points de pourcentage entre 1976 et 1996-1999 pour atteindre depuis l'an 2000 un niveau moyen de 55,6 % (par rapport à 64,0 % dans le ROC et 66,1 % aux États-Unis)[44]. Pour le groupe des hommes de 55 ans et plus, le taux d'emploi depuis l'an 2000 est en moyenne de 32,7 % au Québec (par rapport à 38,2 % dans le ROC et 42,3 % aux États-Unis)[45]. Ce niveau d'emploi ou de sous-emploi représente une perte considérable de main-d'œuvre expérimentée et de compétences dont on ne se préoccupe pas suffisamment.

L'idée, particulièrement populaire auprès d'une certaine classe politique, qui veut que les retraites hâtives et prématurées créent des perspectives d'emplois pour les jeunes, n'a aucun fondement analytique. Les retraites hâtives et prématurées, en privant l'économie d'une main-d'œuvre importante, compétente et expérimentée, nuisent au potentiel concurrentiel du Québec et ont par conséquent un effet dévastateur sur sa capacité de créer des emplois de qualité supérieure, en particulier pour les jeunes. Encore faut-il offrir aux travailleurs déplacés des moyens efficaces et des incitatifs susceptibles de leur permettre de maintenir et d'améliorer leur capital de connaissances et de compétences, pour ainsi se repositionner rapidement lorsque des chocs surviennent dans leur environnement économique[46].

Ensuite, il apparaît clairement que nos entreprises privées et publiques sont incapables de créer des emplois au rythme nécessaire ou souhaitable. Cela peut être dû entre autres facteurs aux freins à l'innovation technologique, mais surtout organisationnelle, et à la difficulté de contester les réseaux établis de fournisseurs de biens et services, en particulier dans le secteur public.

Enfin, ce faible taux d'emploi résulte d'un calcul avantages-coûts rationnel qui amène trop de Québécois à conclure qu'il est préférable et plus payant de ne pas travailler.

Il faut redonner aux individus le goût et les incitations au travail, et redonner aux entreprises la volonté et le pouvoir de créer des emplois, en augmentant la rentabilité personnelle, entrepreneuriale et sociale de ces emplois. Le but est ici d'éviter les pertes de croissance et de richesse qu'entraînent inéluctablement un taux d'emploi et un taux d'investissement trop faibles : nos entreprises sous-investissent en gains de productivité, c'est-à-dire en création d'emplois de qualité et bien adaptés à l'énorme potentiel socio-économique du Québec. Comment y arriver ?

- En redonnant aux individus et aux entreprises les bons repères, donc les bons prix, à la fois ceux des intrants et des facteurs de production et ceux des produits et services.
- En les incitant à accroître, voire à maximiser leurs contributions au mieux-être de la société, et leur valeur propre, valeur du capital humain pour les premiers et valeur des profits durables pour les secondes.
- Enfin, en réformant le régime fiscal pour :
  - accroître la rentabilité des investissements ;
  - augmenter la rentabilité de la création d'emplois ;
  - hausser la valeur individuelle des emplois et des heures travaillées ;
  - et du même coup abaisser le coût social du financement des activités gouvernementales, par conséquent, abaisser le coût social des fonds publics.

Nous y reviendrons.

Un des grands débats sociaux, économiques et politiques contemporains porte sur la capacité relative des sociétés nationales à relever les défis économiques et sociaux que posent la mondialisation, le développement accéléré des technologies d'information et de communication et l'internationalisation des cultures. C'est dans ce contexte qu'il faut remettre résolument en question les acquis, les politiques et plus précisément les pratiques issues du développement des grands programmes de l'État-providence ou de la social-démocratie du dernier demi-siècle.

On ne peut se permettre de continuer à perdre notre population de jeunes familles, d'enfants (de moins de 15 ans) et de jeunes travailleurs (de 15 à 44 ans), au profit de sociétés voisines plus emballantes et plus accueillantes, de favoriser la mise au rancart de nos travailleurs plus expérimentés (de 55 à 64 ans et de 55 ans et plus), de laisser se creuser les écarts entre le Québec et le ROC sur les plans de la création de richesse, de la production par habitant et de la production par emploi.

Il faut, au Québec comme ailleurs, repenser le modèle social-démocrate dont procède le modèle québécois et le renouveler sur des bases que nous développerons dans les chapitres 10 à 13.

Chapitre 6

LES SYNDICATS : HÉROS OU FLÉAUX ?

« Le capitalisme, c'est l'exploitation de l'homme par
l'homme ! Le syndicalisme, c'est le contraire ! »
COLUCHE

Le mouvement syndical est reconnu comme étant l'un des acteurs marquants de l'histoire politique, économique et sociale du Québec depuis plus d'un siècle.

Si le premier syndicat connu au Québec, soit la Société amicale des charpentiers et menuisiers de Montréal, remonte à 1818, il faut toutefois attendre 1872 pour que le Parlement du Canada adopte la Loi des unions ouvrières, qui légalise les associations de travailleurs et accorde le droit de grève.

Après des débuts modestes, le mouvement syndical s'intensifie. Initialement formé de syndicats de métiers, il évolue vers un syndicalisme industriel dès 1930. Toutefois, c'est surtout à partir des années 1940 qu'il prend de l'ampleur, notamment en raison de l'adoption par le Parlement de Québec de la Loi sur les relations ouvrières de 1944 (qui sera remplacée par le Code du travail en 1964), loi qui introduit l'accréditation syndicale et oblige les employeurs à négocier avec les représentants de leurs employés.

La montée du syndicalisme profite également de la formule Rand, adoptée en 1946, du nom de l'ancien juge en chef de la Cour suprême du Canada, Ivan C. Rand, selon laquelle un employeur est obligé de prélever à la source les cotisations syndicales payables de manière obligatoire par l'ensemble des salariés, qu'ils soient ou non membres du syndicat.

À la même époque, les organisations ouvrières doivent affronter les nombreuses mesures antisyndicales imposées par Maurice Duplessis, alors premier ministre du Québec. Mais le vent tourne dès 1960 avec l'élection de Jean Lesage. Sa détermination à créer un État « fort et interventionniste » l'amène à augmenter rapidement et considérablement le nombre de travailleurs du secteur public. Les syndicats voient là une occasion de prendre de l'expansion, d'autant plus que, en 1965, les secteurs public et parapublic obtiennent le droit à la négociation et à la grève.

Ainsi, alors que le mouvement syndical comptait à peine 12 000 membres en 1901, son effectif grimpe à 157 000 en 1941 et poursuit une progression rapide au cours des quarante années suivantes. Entre 1961 et 1981, le taux de syndicalisation augmente de 30 % à plus de 44 %. Mais cet élan est freiné par la récession de 1981-1983. Le taux de chômage atteint 15,9 % en 1983, et l'État québécois n'a plus les moyens de satisfaire les demandes de ses travailleurs. Le taux de syndicalisation tombe alors à 40 % et se maintient à ce niveau depuis.

En 2012, le Québec est la région qui dispose de la plus forte présence syndicale en Amérique du Nord. Son taux de syndicalisation est de 39,9 % contre 31,9 % dans le reste du Canada, et 13,1 % pour l'ensemble des États-Unis. À titre comparatif, l'État américain le plus syndicalisé est New York (26,5 %), tandis que la Caroline du Nord affiche le plus faible taux de syndicalisation (4,3 %).

La forte présence syndicale au Québec n'est pas le fruit du hasard. Au contraire, elle est le résultat direct des législations canadienne et surtout québécoise particulièrement favorables, sinon carrément complaisantes, à l'égard de ce type d'organisation. Parmi les privilèges législatifs dont jouissent les syndicats, et qui contribuent à leur expansion et à leur pérennité, notons les faits suivants.

1. Le Québec n'exige pas la tenue d'un vote secret pour l'accréditation d'un syndicat. Il suffit que plus de 50 % des employés signent leurs cartes d'adhésion pour que le syndicat soit reconnu. Seules trois autres provinces canadiennes (le Manitoba, le Nouveau-Brunswick et l'Île-du-Prince-Édouard) procèdent ainsi, alors que le vote secret est obligatoire dans les six autres, ainsi que dans les cinquante États américains.

2. Le syndicat peut demander l'introduction d'une clause d'adhésion obligatoire dans toute convention collective. Dans ce cas, les employés sont obligés d'adhérer au syndicat pour conserver leur emploi puisque tout refus de se conformer entraîne un licenciement automatique.

3. Le Code du travail prévoit un mécanisme de cotisation obligatoire, la « formule Rand ». Ainsi, qu'ils approuvent ou non les actions de leur syndicat, les travailleurs sont forcés de payer leurs cotisations, lesquelles sont d'ailleurs prélevées à la source par l'employeur.

4. Avec la Colombie-Britannique, le Québec est la seule province où le Code du travail contient une mesure anti-briseurs de grève, soit une disposition qui interdit à l'employeur d'embaucher du personnel suppléant pour remplacer les syndiqués en grève.

Que ces quatre caractéristiques fassent du modèle de syndicalisation québécois une exception à l'échelle nord-américaine et européenne ne fait aucun doute. Mais a-t-il bien servi les intérêts des travailleurs et de l'économie de l'ensemble de la province ?

L'IMPACT ÉCONOMIQUE DE LA FORTE PRÉSENCE SYNDICALE

Essentiellement, la fonction des syndicats est de défendre les conditions de travail de leurs membres et d'en permettre l'amélioration, qu'il s'agisse des salaires, des avantages sociaux ou encore de l'organisation du travail, des congés, de la formation, etc.

Sur le plan de la rémunération, les statistiques confirment ce que l'on pourrait nommer « l'avantage syndical ». Selon les données les plus récentes de l'Institut de la statistique du Québec, en 2011, la rémunération hebdomadaire moyenne des travailleurs syndiqués représentait 123 % de celle des travailleurs non syndiqués.

En revanche, contrairement à ce qui est souvent avancé, cet avantage n'exerce aucun effet de contagion sur l'ensemble des travailleurs de l'économie. La figure 6.1 suggère même l'opposé. À l'échelle canadienne, le taux de syndicalisation semble avoir un effet négatif sur les revenus du marché. En l'occurrence, au Québec et à Terre-Neuve-et-Labrador, les revenus moyens du marché sont parmi les plus faibles, alors que ces deux provinces sont les plus syndiquées au Canada.

Figure 6.1 : Revenu annuel moyen du marché et taux de syndicalisation, 2010

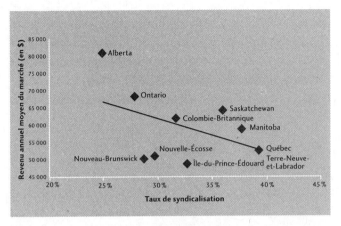

Source : Cansim, tableaux 202-0701 et 282-0078.

Si les syndicats peuvent forcer les employeurs à verser des salaires plus généreux aux syndiqués, ils ne peuvent les obliger à embaucher. Le tableau 6.1 indique les effets de la présence syndicale sur l'évolution de l'emploi entre 1997 et 2012 dans divers secteurs d'activité québécois.

Tableau 6.1 : Variation de l'emploi par secteur d'activité, 1997-2012

	Emplois couverts par un syndicat	Emplois non couverts par un syndicat
Secteur de la fabrication	-24,5 %	-6,0 %
Secteur des ressources (foresterie, pêche, mines, exploitation en carrière, extraction de pétrole et de gaz)	-17,2 %	-7,7 %
Secteur de la production de biens (incluant la fabrication)	2,3 %	3,2 %
Secteur de la construction	158,2 %	66,8 %
Secteur des services	31,2 %	41,3 %
Commerce	42,1 %	35,5 %
Secteur public	30,3 %	33,2 %
Secteur privé	16,4 %	31,0 %
Emploi total	23,1 %	31,1 %

Source : Cansim, tableau 282-0078.

Notons que, dans l'ensemble de l'économie, la création d'emplois a été plus soutenue dans le cas des emplois non couverts par un syndicat, soit une hausse de 31,1 % contre 23,1 % dans le cas de ceux couverts par un syndicat. Dans les secteurs en difficulté, soit celui de la fabrication et celui des ressources, les pertes d'emplois ont été nettement moins importantes dans les milieux non syndiqués. Seuls la construction et le commerce n'ont pas été pénalisés par la présence syndicale.

Remarquons également que, si les travailleurs syndiqués peuvent souvent bénéficier de la sécurité d'emploi, il en va tout autrement pour l'ensemble des acteurs du marché du travail. L'expérience empirique des dix provinces canadiennes et des cinquante États américains, illustrée dans la figure 6.2, indique que les régions où le taux de syndicalisation est élevé ne sont pas à l'abri d'un taux de chômage élevé. D'ailleurs, le Québec ainsi que les provinces maritimes enregistrent à la fois des taux de chômage et des taux de syndicalisation parmi les plus élevés du continent. Certes, plusieurs variables autres que le taux de syndicalisation exercent une influence sur le taux de chômage. Les données recueillies confirment toutefois que la présence syndicale nuit à la création d'emplois et à la santé du marché du travail.

Figure 6.2 : Taux de chômage et taux de syndicalisation des provinces canadiennes et des États américains, moyenne de 1997 à 2012

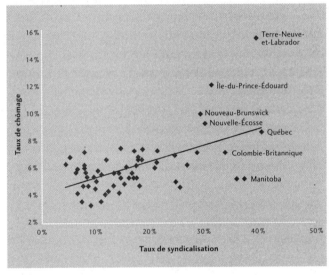

Sources : Canada : Cansim, tableaux 202-0001 et 282-0078 ; États-Unis : Bureau of Labor Statistics et Unionstats.com

En ce qui concerne l'investissement privé, les données disponibles indiquent que, entre 1997 et 2011, après l'Île-du-Prince-Édouard, c'est au Québec qu'il a été le plus faible au Canada. C'est aussi au Québec que les travailleurs ont consacré le moins d'heures au travail, soit une moyenne de 1 697 heures contre

1 774 heures en moyenne dans les neuf autres provinces. Finalement, après l'Île-du-Prince-Édouard, le Nouveau-Brunswick et la Nouvelle-Écosse, c'est le Québec qui enregistre le plus faible niveau de productivité au Canada.

Bien que ces observations soient regrettables, elles ne sont guère surprenantes. De nombreuses études[47] ont montré l'effet négatif qu'exerce la présence syndicale sur la performance économique en général, et sur l'emploi, le taux de chômage, les salaires et l'investissement en particulier.

Au Québec, le Code du travail, la complaisance envers les syndicats et les pouvoirs coercitifs qui leur ont été octroyés au fil du temps ont introduit des rigidités sur le marché du travail. Certes, bien que les mesures aient été adoptées pour protéger les travailleurs, les résultats obtenus ont été contre-productifs, voire carrément néfastes pour l'ensemble de la province.

Chapitre 7

LE PÈRE NOËL N'EXISTE PAS !

« L'État, c'est la grande fiction à travers laquelle
tout le monde s'efforce de vivre aux dépens
de tout le monde. »

FRÉDÉRIC BASTIAT

Le XXᵉ siècle a été une période exceptionnelle pour toutes les sociétés. D'abord parce que jamais l'humanité n'avait vécu autant de bouleversements sociaux, politiques, culturels et technologiques en aussi peu de temps. Mais aussi parce qu'on a assisté à un phénomène encore peu connu : la croissance rapide et tentaculaire de l'État.

Au Québec, la Révolution tranquille a marqué le début de l'État-providence et de l'accroissement de la taille de l'appareil gouvernemental. Depuis, son évolution s'est produite à des rythmes si différents que l'on peut diviser les cinquante dernières années en quatre phases importantes.

À partir de 1960, alors que le Québec attribue à une économie plutôt libérale et à un État relativement discret la responsabilité de son retard par rapport au reste du Canada, il fait le choix d'un État « fort et interventionniste ». Ainsi, la présence accrue de l'État, particulièrement dans les domaines de la santé, de l'éducation, de l'assistance publique et du développement économique, ainsi que le déploiement de sociétés d'État ont occasionné une croissance annuelle moyenne de l'effectif public de l'ordre de 4,2 % par année pendant vingt ans, pour une hausse totale de 117,4 % entre 1960 et 1980[48].

Puis, notamment en raison des déficits budgétaires croissants et récurrents, le développement de l'État décélère. Ainsi, de 1981 à 1994, l'emploi dans le secteur public continue de croître, mais au même rythme que l'emploi dans l'ensemble de l'économie, soit de 0,7 % par année.

Cet effort pour contenir l'expansion de l'État a toutefois été insuffisant pour assainir les finances publiques. Au contraire, le Québec doit affronter un problème d'endettement important qui exige une attention immédiate. Entre autres mesures de redressement, le gouvernement entreprend de réduire la masse salariale et adopte une mesure d'incitation aux départs volontaires, dont 33 000 employés se prévaudront immédiatement. Entre 1994 et 2000, le secteur public se contracte de plus de 93 000 emplois (figure 7.1).

Une réserve doit être émise quant au bond de l'effectif public enregistré entre 2000 et 2001. Il s'agit en fait d'un artifice provoqué par un changement méthodologique. Néanmoins, en ne prenant que la période 2001-2012 pendant laquelle la méthodologie reste inchangée, la propension de Québec à embaucher est confirmée. En effet, près de 100 000 emplois ont été créés par Québec uniquement au cours de la dernière décennie, soit une hausse de 12,6 % de l'effectif total.

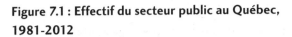

Figure 7.1 : Effectif du secteur public au Québec, 1981-2012

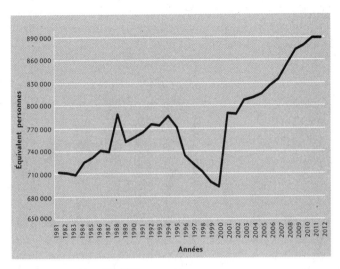

Source : Cansim, tableau 183-0002.

On peut également évaluer la croissance de l'État à partir de la place qu'il occupe dans l'économie, cette dernière étant reflétée à travers la part que les recettes et les dépenses occupent dans le PIB. La disponibilité des données nous limite à observer l'évolution des recettes et des dépenses pour l'administration provinciale uniquement. Elle est néanmoins suffisante pour témoigner de la présence accrue de l'État.

Alors que les recettes et les dépenses de l'administration provinciale représentaient respectivement à peine 11,4 % du 11,1 % du PIB en 1965, elles ont plus que doublé au cours des deux décennies suivantes (figure 7.2). Des efforts pour contenir la croissance de l'État sont notés en 1985 et en 1995, mais la tendance à la hausse a repris depuis 2000 et semble se maintenir.

Figure 7.2 : Recettes et dépenses de l'administration provinciale québécoise, en pourcentage du PIB, 1965-2010

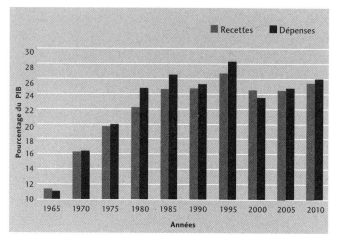

Source : Cansim, tableaux 384-0004, 384-0023, 384-0015, et 384-0001.

Les raisons pouvant expliquer la croissance du secteur public sont multiples.

Il y a, bien entendu, la ferme conviction apparue vers la fin des années 1950 selon laquelle seul un appareil gouvernemental imposant est en mesure d'assurer croissance économique et prospérité. Jusqu'à un certain point, l'État se modèle sur le rôle que la population lui attribue pour refléter l'évolution des mentalités.

On peut également invoquer le fait que le déclin de l'influence de l'Église et le phénomène d'urbanisation ont provoqué un effritement des organismes religieux et de bienfaisance ainsi qu'une réduction de la taille des familles, diminuant ainsi la capacité de la société à assurer la sécurité et le bien-être de ses membres. L'État est alors perçu comme une institution de remplacement. Ce que le secteur privé ne semble plus être en mesure d'assurer est pris en charge par le gouvernement, qui assume ainsi le rôle d'assureur universel

Réinventer le Québec

(assurance hospitalisation, 1961; Régie des rentes du Québec, 1965; assurance maladie, 1969; assurance médicaments, 1997; etc.).

On ne peut passer sous silence la contribution de certains économistes, de John Maynard Keynes à Paul Krugman, qui ont développé une série d'arguments pour justifier et même encourager la montée de l'État-providence, et pour défendre la nécessité de revoir la distribution des revenus afin de la rendre plus satisfaisante. D'autres, comme Joseph Stiglitz, George Akerlof, Michael Spence ou encore Paul A. Samuelson, ont invoqué les cas de défaillances du marché parmi lesquels figurent les cas d'information imparfaite, l'existence de « biens publics » ainsi que la présence de pouvoirs monopolistiques. Toutefois, alors que les failles du libre-marché sont largement documentées, bien peu de réflexions ont entouré celles de l'intervention gouvernementale.

Finalement, le processus politique lui-même renferme une propension à la croissance de l'appareil gouvernemental. À cet égard, les travaux de James M. Buchanan et Gordon Tullock, ainsi que ceux de Mancur Olson, pour ne citer qu'eux, ont largement contribué à une meilleure compréhension de la manière dont les décisions politiques sont prises. Notamment, c'est parce que les hommes politiques et les fonctionnaires cherchent à gagner des votes et à préserver leurs emplois qu'ils sont enclins à multiplier les programmes et les responsabilités de l'État.

Le Québec dans le rouge

Au fil du temps et à force de s'imposer des tâches de plus en plus importantes et financièrement exigeantes, le gouvernement du Québec ainsi que l'ensemble du secteur public ont accumulé des déficits et contracté une dette qui font à présent couler beaucoup d'encre.

Depuis quelques années, la manière de calculer la dette est matière à débat.

D'une part, faut-il considérer la dette de l'ensemble du secteur public ou uniquement celle du gouvernement du Québec, soit la dette directe ?

La dette du gouvernement désigne uniquement celle dont la gestion directe est sous sa responsabilité. Les dettes des universités, des municipalités, d'Hydro-Québec et des autres entreprises sous la responsabilité de l'État ne sont pas gérées par Québec et n'apparaissent donc pas dans le calcul de la dette du gouvernement. Toutefois, celui-ci s'est engagé à les honorer toutes en cas de défaut de paiement de leurs émetteurs. De l'avis du vérificateur général, il est donc plus juste de tenir compte de la dette de l'ensemble du secteur public.

D'autre part, faut-il se baser sur la dette du secteur public en termes bruts (aussi appelée la « dette à long terme ») ou en termes nets ? Plusieurs défendent le concept de dette nette, selon lequel il faudrait déduire de l'endettement total la valeur des actifs dont bénéficie l'ensemble de la société. Ces actifs peuvent être de type purement financier ou encore prendre la forme d'immobilisations et d'infrastructures, comme le réseau routier, les établissements scolaires, les églises, les bâtiments historiques, les parcs nationaux, les hôpitaux, les barrages hydroélectriques, les usines d'assainissement des eaux, etc.

Il est incontestable que ces actifs forment le patrimoine et qu'ils présentent une grande valeur pour la société québécoise. Toutefois, pour qu'ils puissent être pris en considération, deux conditions doivent être remplies : 1) les actifs doivent pouvoir être évalués à leur valeur marchande, et 2) l'État québécois doit être disposé à les vendre pour rembourser ses créanciers.

Réinventer le Québec

Or, aucune de ces conditions n'est vérifiée dans le cas des actifs immobiliers. D'abord parce qu'il est difficile de leur attribuer une valeur marchande en raison de l'absence de marchés similaires. Ensuite, parce que le gouvernement a jusqu'ici toujours exclu la possibilité de liquider lesdits actifs pour alléger sa dette.

Ainsi, bien que la dette brute ne tienne pas compte de la part de la dette fédérale qui revient au Québec, c'est elle qui permet d'évaluer l'ampleur de l'endettement avec la plus grande précision possible.

Selon les données fournies par le ministère des Finances dans son *Plan budgétaire 2013-2014*, la dette brute du secteur public s'élevait à 246,2 milliards de dollars[49] en 2012, ou 73,3 % du PIB. Pour la rembourser, il faudrait donc que :
- chaque Québécois, du nouveau-né au vieillard, débourse **30 560 $**,

ou encore que
- chaque famille de quatre personnes s'acquitte d'un montant de **122 240 $**.

Même en limitant l'analyse à la dette nette du gouvernement, c'est tout de même :
- un fardeau de **21 420 $** que chaque Québécois doit supporter aujourd'hui, donc plus que le citoyen de toute autre province canadienne[50] ;
- l'équivalent d'une mise de fonds de 10 % qu'une famille de quatre personnes aurait à verser pour l'achat d'une maison de plus de 850 000 $.

À titre comparatif, la dette totale de la province n'était que de 13 % du PIB en 1970, ou moins de 3 000 $ par habitant (en dollars de 2012).

La dette, c'est sérieux !

Devant la multiplicité des méthodes de calculs et l'abondance des points de vue sur la dette, il devient difficile de séparer le bon grain de l'ivraie et de se forger une idée juste du problème et de son ampleur. Certains affirment qu'il n'y a pas lieu de s'inquiéter, que le Québec est dans une position bien moins grave que certains pays de l'OCDE, qu'un État ne peut pas faire faillite, que la dette est essentiellement détenue par les Québécois, etc. D'autres, au contraire, dénoncent l'endettement et insistent sur l'urgence d'agir.

La polémique qui entoure la question de la dette et des déficits qui en sont à l'origine date du XVIIIe siècle. En 1735, l'économiste français, Jean-François Melon, affirmait qu'il n'y avait pas lieu de s'inquiéter lorsque la dette est détenue par les citoyens du pays qui la contracte, qu'il s'agit finalement d'un transfert de la main droite vers la main gauche. Cette position est toutefois vivement contestée par plusieurs économistes de l'école classique, comme David Hume, Adam Smith, Jean-Baptiste Say, Thomas Chalmers et John Stuart Mill. Pour eux, la dette hypothèque les revenus publics futurs et, même si elle est détenue par les habitants du pays, elle n'en demeure pas moins nuisible et pernicieuse. Leur analyse n'a pas été remise en question pendant plus d'un siècle, jusqu'à l'arrivée de John Maynard Keynes en 1936. Pour le maître de Cambridge, les déficits et la dette permettent de stabiliser l'économie, d'atteindre et de maintenir le plein-emploi. Sa pensée a profondément marqué les politiques publiques et les dirigeants n'ont pas cessé de s'en inspirer depuis.

Certes, on peut remarquer que l'endettement public exerce un effet immédiat sur la croissance économique. Mais ceci n'invalide en rien les enseignements de l'école classique, qui ne limite pas son analyse à un horizon de très court terme, mais intègre aussi des considérations de moyen et long termes. De plus, contrairement à l'approche keynésienne, l'école classique a pour principe de ne pas envisager uniquement les effets directs d'une politique économique, mais également l'ensemble des incitations qu'elle offre à tous les acteurs de la société. Or, procéder ainsi permet de mettre en lumière les nombreux effets pervers de la dette.

Premièrement, toute dette doit être financée. Ainsi, chaque année, une part des revenus de l'État doit être allouée au service de la dette, ce qui limite automatiquement la marge de manœuvre du gouvernement. À l'heure actuelle, les intérêts payés sur la dette directe uniquement avoisinent les 10 milliards de dollars, soit l'équivalent de 10,9 % des revenus consolidés[51]. À titre illustratif, le service de la dette est l'équivalent :

- du budget alloué au ministère de l'Éducation, du Loisir et du Sport ;
- de la somme des budgets consacrés au ministère de l'Emploi et de la Solidarité sociale et au ministère de l'Enseignement supérieur ;
- de la moitié de l'impôt sur le revenu des particuliers perçu par Québec ;
- de six points de taxe de vente du Québec (TVQ) ;
- de 238 % de l'impôt des sociétés.

Notons que le gouvernement du Québec bénéficie actuellement de taux d'intérêt particulièrement avantageux. Le taux d'intérêt moyen payé sur l'ensemble de la dette s'établissait à 4,2 % en 2012, alors qu'il était de 6,9 % en 2000. C'est pourquoi le service de la dette a diminué par rapport aux recettes du gouvernement bien que la dette elle-même ait augmenté. Mais qu'arrivera-t-il lorsque les taux d'intérêt augmenteront ?

Deuxièmement, les économistes s'entendent pour reprocher à l'endettement public le fait de provoquer un effet d'éviction du secteur privé. Lorsque l'État doit emprunter, il entre en compétition avec le secteur privé pour attirer l'épargne disponible, ce qui exerce des pressions à la hausse sur les taux d'intérêt. Quand le loyer de l'argent augmente, l'investissement privé est découragé et la croissance du stock de capital physique est freinée. Ainsi, l'endettement public compromet la capacité de production future et, par ricochet, nuit à la prospérité de l'ensemble de la société.

Troisièmement, on pourrait penser que l'éviction du secteur privé peut être évitée en ayant recours à l'endettement extérieur. Il s'agit là d'une demi-vérité, car même si la capacité de production future est préservée, le risque d'éviction existe toujours puisqu'une proportion accrue du revenu national devra être acheminée vers l'étranger sous forme de paiements d'intérêt et de remboursement de la dette. Un tel scénario aboutit nécessairement à une réduction du niveau de vie des générations futures. Elles seront donc contraintes de supporter le fardeau de la dette.

Quatrièmement, il est vrai que, lorsqu'il est utilisé de manière appropriée, l'endettement public comme mode de financement pour les investissements publics (c'est-à-dire des dépenses qui génèrent des bénéfices qui s'étendent dans le temps) est un facteur d'équité. Il peut toutefois devenir un facteur d'iniquité lorsqu'il sert à reporter le fardeau de dépenses courantes sur les générations futures. Or, selon les estimations, près de 90 % de la dette nette a servi à financer les dépenses courantes plutôt que les immobilisations[52]. Il apparaît alors évident que la dette publique québécoise cause un important problème d'équité intergénérationnelle.

Finalement, il est essentiel de souligner que la dette et son service provoquent un écart entre les taxes payées par les individus et les services qu'ils reçoivent

Réinventer le Québec

en retour. Cet écart alimente l'impression que les contribuables n'obtiennent pas les services auxquels ils ont droit et dont ils ont besoin, et contribue au cynisme des contribuables envers la classe politique.

L'histoire récente du Québec est celle de la montée de l'État-providence. La pertinence de ce type de modèle peut certainement faire l'objet de longs débats philosophiques. Toutefois, sur le plan strictement factuel, les conclusions sont incontournables : le choix de ce modèle économique a provoqué une détérioration marquée des finances publiques québécoises ainsi qu'un endettement dont la gravité croît avec le temps. Certes, la situation est encore maîtrisée, et le Québec se trouve en meilleure posture que plusieurs pays européens. Il ne faut toutefois ni minimiser la situation ni y voir un enjeu purement comptable. Les conséquences de l'endettement public sont bien réelles !

Chapitre 8

RESTE-T-IL DU JUS DANS LE CITRON ?

« Il n'y a qu'une seule façon de tuer le capitalisme :
des impôts, des impôts et toujours plus d'impôts. »

KARL MARX

L'essence même du modèle québécois réside dans le concept de solidarité, une condition souvent considérée nécessaire sinon suffisante pour assurer la « justice sociale ». Cette solidarité s'exprime par la prise en charge par l'État de certains besoins (santé, éducation, infrastructures, etc.), et par une redistribution des revenus entre les groupes qui forment la société. Il est donc jugé naturel que l'État saisisse les gains des uns pour augmenter les revenus des autres. À l'instar de toutes les sociétés contemporaines, le Québec applique une version édulcorée du célèbre principe marxiste « De chacun selon ses moyens, à chacun selon ses besoins ».

Au fil du temps, la volonté de mettre en application ce principe très général a donné lieu à une multitude de taxes et d'impôts dont la forme et le niveau ne connaissent pour limite que l'imagination des décideurs. Au Canada, les contribuables sont soumis à trois paliers d'imposition – fédéral, provincial et local

– et à une variété de ponctions. Certaines se calculent facilement, comme l'impôt sur le revenu et les profits, les diverses cotisations, les frais d'immatriculation et les taxes de vente. D'autres sont cachées, comme les tarifs douaniers, les taxes sur l'alcool, le tabac et l'essence, les taxes d'amusement, etc.

Pour se faire une idée du fardeau fiscal total supporté par les contribuables, l'Institut Fraser calcule chaque année le jour de la libération fiscale, soit la date à partir de laquelle une famille moyenne a touché suffisamment d'argent pour pouvoir payer les prélèvements obligatoires qui lui incombent. En d'autres termes, si cette famille devait payer tous ses impôts en un seul versement, elle aurait à mettre de côté tous ses revenus bruts gagnés avant le jour de libération fiscale. En 2013, ce jour est tombé le 10 juin pour une famille canadienne, alors qu'une famille québécoise a dû attendre jusqu'au 18 juin. Seuls les habitants de Terre-Neuve-et-Labrador ont dû attendre encore plus longtemps, soit jusqu'au 22 juin[53]. En 1961, le jour de la libération fiscale pour une famille canadienne arrivait cinq semaines plus tôt qu'en 2013, soit le 3 mai, ce qui reflète bien la croissance du fardeau qui pèse sur les contribuables et l'évolution de la taille de l'État.

Comme l'application du régime fiscal fédéral est uniforme à l'échelle du pays, le fardeau fiscal total supporté par les contribuables de chaque province dépend essentiellement de la fiscalité provinciale et locale.

Selon une étude publiée par l'Institut C.D. Howe, en 2011, les taux effectifs marginaux d'imposition des Québécois atteignaient 36,6 % pour l'ensemble des familles, tandis que le taux pour la moyenne canadienne se situait à 32,7 %[54]. Ainsi, en considérant toutes les dispositions entourant l'impôt sur le revenu, il s'avère que les Québécois sont assujettis aux ponctions fiscales les plus importantes du pays, quelle que soit leur tranche de revenus.

Si l'analyse de l'impôt sur le revenu est intéressante, elle reste insuffisante pour comparer les fardeaux fiscaux imposés par chaque province. Pour ce faire, il faut plutôt tenir compte de l'ensemble des recettes de sources propres des gouvernements provincial et local (impôt sur le revenu, taxes à la consommation, impôts fonciers, cotisations aux régimes de sécurité sociale, etc.). À cet égard, en 2009[55], chaque Québécois a payé en moyenne 11 000 $ en impôts aux administrations provinciale et locale[56]. À titre comparatif, la contribution moyenne dans les autres provinces canadiennes s'élevait à 9 711 $. Notons que l'effort des Québécois est d'autant plus important qu'ils sont relativement moins riches que les habitants des autres provinces. En effet, en 2009, le gouvernement du Québec et les municipalités ont prélevé l'équivalent de 26,9 %[57] du PIB, soit plus que n'importe où ailleurs au Canada. On note même un écart non négligeable de 6 points de pourcentage (presque 30 %) par rapport à la moyenne des autres provinces.

Finalement, Marcelin Joanis et Luc Godbout (2009) ont montré que le taux de pression fiscale enregistré au Québec, tous paliers de gouvernement confondus, était le plus élevé au Canada, et était supérieur au taux américain et au taux moyen des pays de l'OCDE, et ce, pour chaque année entre 1981 et 2009[58].

Entre les calculs de l'Institut C.D. Howe, de l'Institut Fraser, de Joanis et Godbout et les données fournies par Statistique Canada, ce qu'on entend déjà sur de nombreuses tribunes semble se confirmer, à savoir que les Québécois sont les contribuables les plus taxés au Canada et qu'ils subissent l'une des pressions fiscales les plus fortes des pays de l'OCDE.

Selon le *Plan budgétaire 2013-2014*, les recettes de sources propres du gouvernement du Québec proviennent de l'impôt sur le revenu des particuliers (40 %), des taxes à la consommation (33 %), des charges fiscales des sociétés (22 %), et d'autres revenus (5 %).

Comme l'impôt sur le revenu constitue la principale source de recettes fiscales, il est intéressant de mesurer la contribution des différentes catégories de contribuables. En 2010, dernière année pour laquelle des statistiques sont disponibles, 6,3 millions de Québécois ont rempli une déclaration de revenus. De ce nombre, 37,2 % d'entre eux n'ont payé aucun impôt, faisant ainsi porter la totalité du fardeau fiscal sur 62,8 % des contribuables[59]. En plus de refléter le caractère progressif de l'impôt sur le revenu, le tableau 8.1[60] révèle une caractéristique du régime québécois, à savoir que la contribution des mieux nantis est supérieure à leurs poids démographique et économique. En effet, les Québécois ayant déclaré un revenu supérieur à 100 000 $, soit 4,4 % des contribuables, ont touché 22 % des revenus, mais ont payé 34,6 % des impôts. À l'opposé, ceux ayant déclaré un revenu inférieur à 35 000 $, soit 60,4 % des contribuables ayant rempli une déclaration, ont gagné 26,3 % des revenus, mais n'ont contribué qu'à hauteur de 8,8 % des recettes fiscales.

Diviser les contribuables en cinq parties égales sur la base de leurs revenus offre une perspective complémentaire quant à la répartition du fardeau fiscal. Selon les statistiques fiscales des particuliers publiées par le ministère des Finances du Québec, les contribuables appartenant au quintile supérieur, soit les 20 % les plus riches (revenus supérieurs à 53 976 $), ont touché 51,1 % des revenus et ont payé 70,5 % des impôts. Quant aux 40 % les plus riches (revenus supérieurs à 34 635 $), leurs contributions représentaient

91,5 % des impôts prélevés chez les particuliers. Ainsi, quel que soit l'angle sous lequel on analyse la division de l'impôt, les conclusions convergent : c'est essentiellement grâce aux mieux nantis que le trésor public garnit ses coffres. Devant pareils chiffres, est-il possible d'affirmer que les riches ne « font pas leur part » ?

Tableau 8.1 : Statistiques fiscales des particuliers en 2010 en pourcentage du total

	Nombre de contribuables	Revenu total	Impôt à payer
Moins de 20 000 $	38,94 %	10,82 %	0,66 %
20 000 $ à 34 999 $	21,54 %	15,53 %	8,20 %
35 000 $ à 49 999 $	16,44 %	18,25 %	16,16 %
50 000 $ à 99 999 $	18,71 %	33,42 %	40,36 %
100 000 $ et plus	4,38 %	21,99 %	34,62 %
	100,00 %	100,00 %	100,00 %

Note : les pourcentages ayant été arrondis, leur somme n'est pas toujours égale à 100%.

Faire sa « juste part » – Les entreprises

Le Québec subventionne ses entreprises plus que partout ailleurs au Canada. Pourtant, il enregistre une faiblesse croissante de son activité entrepreneuriale par rapport aux autres provinces, et des taux de faillite et d'insolvabilité supérieurs à ceux du reste du Canada.

Parmi les raisons invoquées pour expliquer ces phénomènes, une des plus importantes est la fiscalité des entreprises ainsi que les charges sociales imposées à celles-ci.

À cet égard, la Fédération canadienne de l'entreprise indépendante (FCEI) a évalué la compétitivité des régimes fiscaux provinciaux des PME en 2008, lesquelles représentent 99,8 % des entreprises québécoises et canadiennes[61]. Au chapitre des charges sociales (assurance-emploi, assurance parentale, Régime de pension du Canada, Régie des rentes du Québec, etc.), le Québec est la province où elles sont les plus élevées, ce qui occasionne une hausse bien réelle du coût de la main-d'œuvre. Quant à l'impôt des sociétés, la FCEI a construit un indice à partir de quinze indicateurs, dont le taux d'imposition des petites entreprises, le taux d'imposition général, les seuils d'imposition des petites entreprises, et l'impôt payé. Selon cet indice, après l'Ontario, le Québec est la province qui impose le plus lourd fardeau fiscal aux PME. Ainsi, les entreprises québécoises qui déclarent un revenu de 300 000 $ doivent payer 24 000 $ en impôt, soit plus que n'importe où ailleurs au Canada, avec un écart allant de 45,5 % par rapport à l'Ontario à 400 % par rapport au Manitoba (tableau 8.2).

Tableau 8.2 : Impôt provincial à payer sur le revenu des sociétés en 2008

	Impôt à payer sur un revenu de 300 000 $		Impôt à payer sur un revenu de 600 000 $		Impôt à payer sur un revenu de 1 500 000 $	
	$	Rang	$	Rang	$	Rang
Colombie-Britannique	11 982 $	4	38 963 $	4	142 445 $	2
Alberta	9 000 $	2	28 322 $	1	118 322 $	1
Saskatchewan	13 500 $	5	37 111 $	3	149 586 $	3
Manitoba	6 000 $	1	34 994 $	2	156 470 $	4
Ontario	16 500 $	9	59 334 $	10	210 000 $	10
Québec	24 000 $	10	54 800 $	9	157 400 $	5
Nouveau-Brunswick	15 000 $	6	46 000 $	6	163 000 $	6
Nouvelle-Écosse	15 000 $	7	52 000 $	8	196 000 $	9
Île-du-Prince-Édouard	10 420 $	3	45 894 $	5	189 894 $	8
Terre-Neuve-et-Labrador	15 000 $	8	48 000 $	7	174 000 $	7

Source : Fédération canadienne de l'entreprise indépendante, *Fiscalité : À la recherche de l'excellence*, avril 2009, p. 20.

Réinventer le Québec

Dans le même ordre d'idée, le Centre sur la productivité et la prospérité a publié une étude en octobre 2012 montrant que les entreprises québécoises sont de loin les plus lourdement taxées au pays, voire en Amérique du Nord (à l'exclusion du Mexique)[62]. En effet, il apparaît que les entreprises québécoises assument les coûts fiscaux les plus élevés au pays avec 5,1 % de la valeur de la production brute contre 4,1 % dans l'ensemble du Canada et à peine 2,9 % aux États-Unis. Par rapport à la deuxième province la moins compétitive au Canada sur le plan de la fiscalité, soit l'Ontario, le Québec affiche un taux 25 % plus élevé. De plus, le fait de tenir compte de l'aide publique dans le calcul de la facture fiscale réelle des entreprises ne modifie en rien la position relative du Québec : il demeure l'endroit en Amérique du Nord (à l'exclusion du Mexique) où les entreprises sont le plus lourdement imposées.

Pourquoi s'intéresser à la fiscalité ?

Constater la lourdeur du fardeau fiscal qui pèse sur les Québécois est un exercice futile si on ne s'interroge pas sur les conséquences qu'elle occasionne. L'un des plus importants principes du raisonnement économique, et celui sur lequel les économistes sont unanimes, veut que les individus réagissent aux incitations.

Selon ce principe, les individus prennent des décisions en comparant les bénéfices et les coûts associés aux différentes options qui s'offrent à eux. Évidemment, ils choisissent l'option qui leur offre le bénéfice le plus élevé pour un coût donné, ou le coût le plus faible pour un bénéfice donné. Dès lors, toute variation sur le plan des coûts ou des bénéfices engendrés par une action modifie le choix des individus. Comme la fiscalité altère l'évaluation des bénéfices et les coûts d'une action, elle peut inciter certains comportements et en décourager d'autres.

La recherche portant sur les effets de la fiscalité sur les comportements des individus est non seulement volumineuse, mais particulièrement riche en enseignements. Essentiellement, les travaux ont permis d'établir l'existence d'une relation négative entre la croissance économique et la présence de taux marginaux d'imposition élevés et progressifs[63,64,65,66]. Cette relation est fondamentale, aussi bien pour les théoriciens de l'économie que pour les décideurs politiques, car elle signifie qu'une réduction des taux marginaux d'imposition stimule l'économie et est source de prospérité.

En ce qui a trait à l'impact de la fiscalité sur le comportement des individus sur le marché du travail, les recherches tendent majoritairement à conclure que l'impôt décourage la participation à la vie active et qu'il occasionne une réduction du nombre d'heures travaillées. C'est notamment ce que les travaux d'Edward Prescott, lauréat du prix Nobel d'économie de 2004, ont démontré[67]. La même année, Steven J. Davis et Magnus Henrekson ont également illustré que les taux d'imposition élevés découragent le travail et favorisent l'économie souterraine[68]. En 2011, c'est au tour de Michael Keane de montrer que la fiscalité déplace les décisions en matière de scolarisation et de maternité et, par ricochet, influence la participation au marché du travail.

Finalement, les effets de la fiscalité sur l'investissement ont amplement été analysés par de nombreux chercheurs[69,70,71]. Leurs conclusions sont explicites : les taux marginaux élevés plombent l'investissement, ce qui se traduit par une réduction de la productivité des travailleurs et de la production nationale, et, ultimement, par un niveau de vie plus faible.

Réinventer le Québec

En somme, des taux marginaux d'imposition élevés et croissants, comme on en observe au Québec, nuisent à l'atteinte du plein potentiel économique en décourageant le travail, l'investissement et l'entrepreneuriat. Nier ces liens, c'est refuser aux Québécois d'aujourd'hui et de demain la prospérité et le bien-être économique qui sont pourtant à leur portée.

Chapitre 9

LES BONNES INTENTIONS
NE SONT PAS DES POLITIQUES !

« L'art de l'économie consiste à comprendre non seulement l'immédiat mais aussi les effets à long terme de tout acte ou de toute politique ; il consiste à tracer les conséquences de cette politique non seulement pour un groupe, mais pour tous les groupes. »

HENRY HAZLITT

Les principes ou idéaux sociaux-démocrates (justice, liberté, égalité, fraternité, solidarité, redistribution, cohésion, etc.) ont été au Québec trop souvent associés à une bureaucratie publique gargantuesque (administrations publiques, monopoles d'État, réglementations directes et contrôles omniprésents des droits et actions des individus et des entreprises, etc.).

Le modèle québécois a non seulement perdu sa véritable finalité, mais il a de plus en plus sombré dans la pensée magique : les bonnes intentions et la simple affirmation d'un objectif sont trop souvent vues comme suffisantes pour atteindre l'objectif sans que l'on doive se soucier de mettre en place des mécanismes appropriés et réalistes d'évaluation, de coordination et de motivation, ne serait-ce que pour éviter les effets pervers toujours possibles des politiques mises en place. Les bonnes intentions ne suffiront pas pour trancher le nœud gordien d'un Québec moderne !

La situation économique du Québec, résultant de myriades de décisions des individus, des ménages, des entreprises, des organisations sociales et des diverses instances et niveaux de gouvernement, se traduit en une allocation de ressources (humaines, matérielles, naturelles, environnementales, physiques – machines et équipements –, etc.) aux caractéristiques suivantes :
  - une utilisation relativement faible de notre potentiel en ressources humaines sous forme d'un taux d'emploi relativement faible ;
  - une proportion relativement élevée de nos ressources consacrée à satisfaire les besoins de consommation privée et publique ;
  - une proportion relativement faible de nos ressources consacrée aux investissements privés et publics, en particulier ceux des entreprises ;
  - une proportion relativement faible de nos ressources consacrée à assurer un surplus de notre balance commerciale (exportations moins importations).

Cette situation économique résulte du fonctionnement de nos institutions (y compris les marchés – et les manipulations dont ils font l'objet – et les politiques et programmes publics de tous ordres et de toutes natures), vues et considérées globalement comme des mécanismes de coordination et d'incitation conditionnant nos décisions individuelles et collectives à tous les niveaux (individus, ménages, entreprises, autres organisations, diverses instances gouvernementales).

Malgré la présence de secteurs en plein développement (entre autres en termes de frais de recherche et développement – RD), la performance économique du Québec traîne dangereusement derrière celle du ROC et des États-Unis, et ce, depuis plusieurs décennies.

Non seulement le Québec doit faire en sorte que soient produits en qualité et quantité suffisantes les biens et services dits publics ou sociaux, au sens rigoureux de l'analyse économique (ne pas confondre avec les biens et services produits et distribués par les administrations publiques), mais il doit également faire en sorte que ces biens et services soient produits et distribués efficacement. Nous disons bien « faire en sorte », car, nous le verrons plus loin, un Québec socio-économique renouvelé, mettant le citoyen au cœur du projet socio-économique de développement humain, est incompatible avec une bureaucratie omniprésente et un secteur public imposant, deux caractéristiques propres au modèle du passé.

Le Québec socio-économique renouvelé doit reposer sur des mécanismes d'évaluation, de coordination et d'incitation qui s'appuient sur l'analyse socio-économique des modes d'organisation efficaces. Alors que le modèle passé partait du postulat d'un État et d'un appareil bureaucratique public bienveillants et omniscients, le Québec socio-économique renouvelé au contraire reconnaît et prend explicitement en considération les limites de l'action de l'État, foncièrement peu informé, souvent animé par ses intérêts propres et systématiquement manipulé par les groupes de pression de toutes sortes capables d'exploiter de manière stratégique leurs informations privées pour promouvoir leurs intérêts dans un marché politique plus ou moins opaque. L'État peut avoir de bonnes intentions, mais une fois dans l'action il n'est pas particulièrement bienveillant !

C'est à partir de cette conception plus réaliste de l'État que se justifieront dans le Québec socio-économique renouvelé les limites sévères discutées plus loin et imposées aux pouvoirs politiques, en particulier dans la production et la distribution de biens et services publics et sociaux. Ces limites seront imposées au profit d'un recours systématique aux processus plus transparents que constituent les processus concurrentiels, de marché ou autres.

Par ce recours systématique aux mécanismes concurrentiels de coordination et de motivation, le Québec socio-économique renouvelé est susceptible d'expérimenter de manière continue et créative de nouvelles façons de produire et de distribuer les biens et services publics et sociaux. Il pourra par ailleurs éviter le double piège d'un mauvais équilibre, dans lequel la sous-performance des uns s'explique et se justifie par la sous-performance des autres, ainsi que d'une croissance trop faible des emplois, due aux vieilles façons de faire et aux organisations dépassées. Nous y reviendrons.

Le modèle québécois passé s'appuie sur une pensée et un discours politiques et un modèle social usés, vieillis et dépassés. C'est un modèle dénaturé et orienté vers les moyens, la préservation des droits acquis, la protection des rentes et intérêts corporatistes, et la sauvegarde des vaches sacrées, bref un modèle devenu peu motivant, peu innovant, tolérant de la médiocrité, figé, enfermé dans son passé et endormi dans une langue de bois où la forme et le contenant dominent le réel et le contenu.

Le Québec socio-économique renouvelé est un modèle moderne, innovant, responsable, résolument orienté vers les fins et les objectifs (à atteindre par les moyens les plus efficaces et efficients possibles), largement ouvert aux changements technologiques et organisationnels, et favorable à l'émergence d'un pouvoir de compétence dans tous les milieux et dans toutes les sphères d'activité. C'est un modèle qui réaffirme continuellement et de manière crédible sa volonté de reconnaître les contributions réelles et tangibles au mieux-être de la société, bref un modèle flexible, motivant, entreprenant, hostile à la médiocrité, et allergique à la mainmise des groupes d'intérêts et groupes de pression de toute nature sur le pouvoir public, ses prérogatives et ses programmes.

Les enjeux et défis d'un Québec socio-économique renouvelé

Les problèmes socio-économiques qui affligent le Québec, entre autres au chapitre des services de santé, des services d'éducation postsecondaire et universitaire, de l'innovation, de la dette, du soutien aux industries culturelles, du développement durable sont des phénomènes reliés qui découlent en bonne partie de la sous-performance relative du Québec en matière de croissance, de développement économique et de création d'emplois. Cette sous-performance dure depuis des décennies. Il est temps d'y mettre fin.

Malgré une croissance économique réelle de 2 % par an depuis le début des années 1980, la situation relative du Québec se dégrade. Il lui sera ainsi de plus en plus difficile, voire impossible, de maintenir des services publics et sociaux de qualité comparable à celle que peuvent et pourront s'offrir ses partenaires économiques immédiats que sont le reste du Canada (les provinces) et les États-Unis (les États). Nous sommes en train de préparer des jours difficiles pour nos enfants. Un coup de barre vigoureux s'impose, et le Québec a un urgent besoin d'une véritable « nouvelle révolution tranquille ». Pour des raisons d'efficacité et d'efficience[72] économiques, nous sommes d'avis que l'avenir doit être construit sur des principes sociaux-démocrates renouvelés, dans l'esprit de ceux qui ont contribué à l'avènement du Québec moderne, mais qui seront fondés sur des politiques et des programmes économiques et se concrétiseront selon des modalités et mécanismes d'implémentation radicalement différents : ces programmes, politiques, modalités et mécanismes d'implémentation définissent et caractérisent le Québec socio-économique renouvelé[73].

Le Québec socio-économique renouvelé se veut un projet de société, moderne, ambitieux, certes, mais réalisable à la condition d'avoir l'intellection et le courage de nos ambitions : l'intellection des objectifs à poursuivre et des moyens à mettre en œuvre, à savoir les programmes, politiques, modalités et mécanismes nécessaires à la réalisation de nos idéaux et à l'atteinte de nos buts ; et le courage collectif de les mettre en application.

La poursuite d'une politique de développement économique agressive est une condition *sine qua non* de la sortie du Québec de son enlisement dans le dalot de la marginalisation. Cette politique passe par la reconnaissance des défis et des enjeux énoncés à partir de la page suivante, qui apparaissent comme autant d'objectifs spécifiques, et par une remise en question courageuse de ses institutions. Mais ces défis, enjeux et objectifs ne sont pas des politiques de développement ou de croissance économiques qui, elles, se rapportent aux moyens à mettre en œuvre pour espérer atteindre ou réaliser les objectifs. De plus, il ne s'agit pas d'établir des politiques qui serviraient à atteindre un des objectifs au détriment des autres. Nous traiterons de ces politiques et programmes dans les chapitres 11 à 13.

Les politiques et programmes à mettre en œuvre permettraient au Québec de quitter le peloton de queue et de rejoindre le peloton de tête des économies régionales en Amérique du Nord, et ce, en une génération (de vingt à vingt-cinq ans) : une tâche herculéenne.

C'est donc une véritable nouvelle révolution tranquille que représente le Québec socio-économique renouvelé. Mais cette révolution des mentalités et des processus et des moyens est nécessaire. À défaut de la réaliser, le Québec est voué à l'appauvrissement relatif. On ne peut plus se satisfaire des demi-vérités et de la langue de bois qu'on nous a collectivement imposées trop souvent et trop longtemps sous le couvert de grands et nobles sentiments. Il nous faut faire

Réinventer le Québec

face, sans nous leurrer, à la nouvelle réalité, au nouveau monde et au nouveau Québec déjà en émergence, et aux années exigeantes; mais emballantes qui s'annoncent.

La mise en œuvre réussie du Québec socio-économique renouvelé permettra d'accroître la capacité de la société québécoise de générer de la richesse en faisant un meilleur usage de son potentiel considérable, tant actuel que futur. Le visage économique du Québec est appelé à changer radicalement. Répétons-le : la tâche est considérable, mais il faut s'y attaquer consciemment, résolument et courageusement.

Les défis, enjeux et objectifs ci-dessous sont ambitieux, cependant, ils ont l'avantage non seulement d'être mesurables et réalisables, mais aussi de recueillir un consensus des Québécois.

1. ATTEINDRE D'ICI À VINGT ANS LE PIB PAR HABITANT ET LE TAUX D'EMPLOI MOYENS DU ROC

La différence du PIB par habitant entre le Québec et le ROC a augmenté de plus de 60 % en trois décennies. En supposant que le PIB réel par habitant du ROC, déjà de 18 % supérieur à celui du Québec, continuera de croître au taux annuel moyen des dix dernières années, il faudra que le PIB par habitant augmente au Québec à un taux 2,5 fois plus élevé que celui du ROC. Par ailleurs, pour que le taux d'emploi au Québec rejoigne le taux d'emploi du ROC d'ici à vingt ans, le Québec devra créer quelque 65 000 emplois par an, soit 15 000 de plus que les 50 000 emplois créés en moyenne annuellement depuis dix ans. Deux énormes défis !

2. Sortir d'ici à dix ans du groupe des provinces bénéficiaires de la péréquation

Comme le Québec reçoit environ 8 milliards de dollars par an en paiements de péréquation, on parle d'un objectif de réduction de 800 millions de dollars par an, et ce, de manière cumulative : 800 millions de dollars en 2014, 1 600 millions de dollars en 2015, etc., pour atteindre 8 milliards de dollars dans dix ans, montants à indexer. Pour y arriver, il faut compter sur une plus forte création de richesse, donc d'entrées fiscales, en substitut des paiements de péréquation.

3. Atteindre d'ici à dix ans le taux moyen de prestataires d'assurance-emploi au Canada

Au cours des dix dernières années, le taux de prestataires d'assurance-emploi, mesuré par le nombre de prestataires par 1 000 habitants de 20 à 64 ans, a été de 30,2 % au Québec et de 20,9 % dans le ROC (17,3 % en Ontario). Il faut donc réduire le taux d'environ 50 %, ce qui signifierait environ 70 000 prestataires de moins que les 140 000 observés en moyenne au cours des dix dernières années, donc autant d'emplois additionnels à créer. Ces prestataires devront trouver des emplois à la hauteur de leurs compétences, qui souvent devront être rehaussées pour être mieux arrimées aux besoins du marché du travail et aux besoins des citoyens d'ici et d'ailleurs.

4. Combler d'ici à dix ans notre déficit d'investissements des entreprises

Ce déficit annuel s'établit aujourd'hui à quelque 10 milliards de dollars. Pour combler ce déficit avant dix ans, il nous faudra augmenter de 1 milliard de dollars par an, par rapport à la normale des dix dernières années, les investissements des entreprises (publiques et privées), et ce, de manière cumulative : 1 milliard de dollars en 2014, 2 milliards de dollars en 2015, pour atteindre 10 milliards de dollars dans dix ans, montants à indexer. On peut y arriver en réduisant les ressources consacrées à satisfaire notre consommation collective (privée et publique) et en augmentant les ressources consacrées aux investissements des entreprises. Cette consommation collective vient de myriades de décisions personnelles et publiques fortement influencées par les prix auxquels nous faisons face. Les prix manipulés à la baisse sont une source importante de cette surconsommation. Quant aux investissements des entreprises, ils sont influencés par les occasions d'affaires, donc par la rentabilité trop faible des innovations, en partie due à la même manipulation des prix.

5. Atteindre d'ici à vingt-cinq ans le niveau de dette par habitant de l'Ontario

Pour comparer les niveaux de dette des provinces dont les périmètres comptables varient grandement, il faut s'en remettre au système de gestion financière (SGF) développé par Statistique Canada. La dette nette par habitant (nette des actifs financiers, selon l'évaluation SGF) atteint au Québec un niveau 50 % plus élevé qu'en Ontario. Pour résorber cet écart avant vingt-cinq ans, il faudrait que le niveau de la dette nette par habitant du Québec diminue de 35 % par rapport à

celui de l'Ontario. Pourrait-on faire mieux ? Difficilement, car cela représente une diminution (remboursement) de la dette du secteur public (qui était en
2008 de 88 % supérieure à la mesure de la dette nette
au sens du SGF) d'environ 1 milliard de dollars par
an. Pour arriver à réduire la dette du secteur public
d'un tel montant annuellement, il faut créer davantage de richesse.

6. Caractériser et combler le déficit de commercialisation de la RD

Étant donné l'effort important consacré à la RD au
Québec et les coûts importants que cet effort entraîne
tant pour le gouvernement que pour les entreprises,
il est évident que la commercialisation des fruits de
cette RD (développements de nouveaux produits et
services et création d'emplois de qualité) fait défaut à
bien des égards. Il est difficile de chiffrer ce déficit de
commercialisation en termes financiers ou en termes
d'emplois, mais ce déficit est considérable. Il semble
logique de penser que, si la commercialisation est
inférieure au niveau qu'elle devrait atteindre, la raison
pourrait être le manque de financement sous forme
de capital de risque et le manque d'occasions d'affaires
pour les entreprises concernées. Ainsi, la RD réalisée
au Québec, en partie grâce à de généreux programmes
de subventions gouvernementales, pourrait en réalité
donner lieu à des investissements et à une création
d'emplois qui se matérialisent ailleurs qu'au Québec.
Pourquoi ce désolant état de choses ? Peut-être parce
qu'une trop grande part de notre économie est sous
le contrôle du secteur public qui non seulement est
peu enclin typiquement à développer la commercialisation des fruits de la RD, mais crée également un
effet d'éviction des entreprises ou partenaires privés

Réinventer le Québec

qui, eux, pourraient mettre davantage l'accent sur cette commercialisation. Le déficit de commercialisation des fruits de la RD et le peu de valorisation des compétences nous semblent être deux impacts négatifs d'une trop faible présence du secteur privé dans la production et la distribution des biens et services publics et sociaux au Québec. Entre autres conséquences, cela entraîne un manque de création d'emplois de qualité supérieure.

7. Combler d'ici à vingt ans notre déficit de jeunes et de jeunes travailleurs

Réaffirmons au départ que le déficit démographique qui afflige le Québec depuis des décennies résulte essentiellement des politiques publiques mises en place depuis trente, quarante ou cinquante ans qui, après avoir généré d'importants bénéfices sociaux et privés, en sont venues à contribuer à la perte *relative* de compétitivité du Québec, laquelle découle des décisions des entreprises de sous-investir au Québec. D'où la nécessité de repenser l'ensemble de nos politiques publiques. Ce déficit de jeunes (les moins de 15 ans) et de jeunes travailleurs (les moins de 44 ans) qui s'est développé au cours des trois dernières décennies fait en sorte que 250 000 jeunes et 300 000 jeunes travailleurs manquent à l'appel aujourd'hui au Québec, ou 20 % et 10 % respectivement des groupes actuels. Renverser la tendance actuelle pose le défi de créer des emplois que les parents pourront souhaiter voir leurs enfants occuper et que les jeunes travailleurs, d'ici et d'ailleurs (immigrants), voudront et pourront occuper. La création d'emplois est un facteur déterminant de l'équilibre démographique, car elle permet d'attirer et de fidéliser les jeunes travailleurs, donc les familles en devenir. Pour que le Québec atteigne l'équilibre démographique canadien d'ici à vingt ans, il faudra encore une fois une importante création d'emplois de qualité, c'est-à-dire suffisamment stimulants, pour être au goût des jeunes travailleurs.

CONCLUSION SUR LES ENJEUX ET DÉFIS : LE QUÉBEC SOCIO-ÉCONOMIQUE RENOUVELÉ

Ces défis et enjeux sont exigeants, mais réalisables. Pour les relever et pour atteindre les objectifs, il faudra compter sur l'esprit de créativité, d'innovation et d'entrepreneuriat, qu'on se plaît à reconnaître tant chez les individus que chez les groupes sociaux, entreprises et autres.

Il faudra faire confiance à la capacité d'adaptation des Québécois et convaincre nos politiciens de cesser de jouer aux apprentis sorciers en voulant régler d'en haut tous les problèmes. C'est là une forme pernicieuse d'infantilisation de la population susceptible de tuer dans l'œuf l'esprit de créativité, d'innovation et d'entrepreneuriat. Cet esprit s'exprime et se dévoile dans la responsabilisation, la liberté et l'adversité, tant sociales qu'économiques.

Chapitre 10

CE DONT LE QUÉBEC A BESOIN

« Un peuple prêt à sacrifier un peu de liberté
pour un peu de sécurité ne mérite ni l'une ni l'autre,
et finit par perdre les deux. »

BENJAMIN FRANKLIN

Comme en témoignent les chapitres précédents, le tableau économique du Québec que les statistiques permettent de brosser n'est pas très reluisant. Il révèle une société qui, en dépit de son potentiel enviable, traîne dans le peloton de queue avec un niveau de vie relativement bas, un chômage supérieur à celui de la moyenne des autres provinces et un important déficit entrepreneurial.

Pourtant, le Québec dispose de ressources abondantes, d'infrastructures considérables et d'une main-d'œuvre instruite. De plus, les gouvernements qui se sont succédé depuis la Révolution tranquille ont tous adopté des mesures et des programmes qui devaient nous apporter croissance économique et prospérité. Ils ont mis sur pied des institutions, comme la Société générale de financement et la Caisse de dépôt et placement du Québec, afin d'encourager l'entrepreneuriat et de favoriser l'épanouissement économique de la province. Convaincus qu'ils réussiraient à propulser le Québec en tête des provinces canadiennes, ils ont bouleversé les mentalités et ont réinventé le rôle de l'État afin de permettre à celui-ci de devenir un acteur économique de premier plan. Ils ont planifié, dirigé, financé et subventionné.

Lorsque le Québec a pris le virage de l'État-providence, les attentes étaient élevées. Certes, les initiatives prises en 1960 avaient donné un élan dont on pouvait noter les effets dès 1965. Toutefois, l'embellie a été de courte durée. Aujourd'hui, force est de constater que la performance économique des trente dernières années a été relativement médiocre, et qu'elle n'est digne ni du potentiel exceptionnel de la province ni des efforts déployés par la classe politique.

Au fil du temps, alors que s'envole l'espoir de résultats économiques exceptionnels et que les rêves s'évanouissent, une question persiste : pourquoi ? Pourquoi sommes-nous aujourd'hui devancés par des provinces et des États américains qui semblaient naguère bien peu prometteurs. Pourquoi les initiatives mises en place n'ont-elles pas généré les résultats escomptés ? Pourquoi certaines régions connaissent-elles de véritables miracles économiques et non le Québec ?

Voilà déjà longtemps que la science économique s'intéresse aux facteurs de développement économique et aux conditions nécessaires à la prospérité des nations. La succession des études a permis de mettre en évidence une variable qui s'est révélée fondamentale dans l'explication de la performance des sociétés, une variable fortement corrélée avec les facteurs tant économiques que sociaux : la liberté économique.

L'expression « liberté économique » est souvent employée, mais rarement définie. Qui plus est, on lui attribue fréquemment une connotation péjorative, comme s'il s'agissait d'un phénomène toxique à combattre.

Pourtant, à une époque où le respect de la liberté individuelle est considéré comme un principe fondamental des sociétés modernes, que tous s'évertuent à défendre, la liberté économique devrait être protégée avec autant d'ardeur, la seconde étant à la fois un aspect de la première et un prérequis à celle-ci.

D'une manière générale, est libre celui qui est en mesure d'exercer sa volonté. Dans la sphère économique, la liberté fait appel aux choix personnels, à l'échange volontaire, au principe de concurrence, et à la protection des individus et de la propriété privée. Plus précisément, la liberté définit la capacité de chacun de travailler, de produire, de consommer, d'échanger, de signer des ententes, et d'investir selon ses choix et ses préférences, et en l'absence de contraintes imposées par l'État ou quelque autre autorité que ce soit, sauf en ce qui concerne le respect d'autrui et de la propriété privée.

Comme la liberté économique représente la possibilité pour chacun de jouir pleinement du fruit de son labeur, l'intervention gouvernementale doit être, sinon réduite au minimum, du moins limitée. Il faut que les gens puissent prendre leurs décisions en fonction de leurs préférences individuelles et des conditions du marché. L'État ne doit imposer que peu de contraintes quant aux biens à produire, aux prix de vente, aux techniques de production, etc., et un ordre spontané doit se substituer à la planification centrale.

L'ATOUT LE PLUS PRÉCIEUX

Nul besoin de modèles économiques hermétiques pour démontrer l'importance que revêt la liberté économique. Il suffit de comparer le niveau de vie dont jouissent les individus qui habitent dans des économies libres à celui de ceux qui vivent dans des économies aux libertés restreintes pour constater des écarts considérables. Par exemple, l'abondance qui régnait jadis en Allemagne de l'Ouest tranchait avec la pauvreté qui affligeait l'Allemagne de l'Est. On aurait fait le même constat en comparant la Finlande et l'Estonie au moment de l'indépendance de cette dernière en 1991. Pourtant, les deux pays présentaient sensiblement le même niveau de richesse en 1939, avant l'intégration de l'Estonie à l'URSS. Aujourd'hui, la Corée du Sud offre à ses citoyens un niveau de vie inimaginable pour les habitants de la Corée du Nord. Les Cubains quittent leur pays avec des moyens de fortune, souvent au péril de leur vie, pour rejoindre les rives de la Floride, alors que personne n'envisagerait d'effectuer le voyage en sens inverse.

Afin de vérifier empiriquement et de documenter l'influence de la liberté sur le niveau de vie et sur d'autres variables sociales, des chercheurs ont entrepris dans les années 1980 de développer une mesure du niveau de la liberté économique qui permet de comparer les pays.

Depuis 1996, avec la collaboration de plusieurs groupes de réflexion et de chercheurs de renom, et grâce aux données de la Banque mondiale, du Fonds monétaire international, ainsi que de plusieurs autres organismes reconnus, l'Institut Fraser publie chaque année le rapport intitulé *Economic Freedom of the World* (EFW). Ce rapport attribue à chaque pays un indice de liberté économique à partir des statistiques recueillies sur trente-huit variables parmi lesquelles figurent les taux marginaux d'imposition, le taux d'inflation, les barrières commerciales, la taille de l'État, les législations touchant le marché du travail, etc. Un exercice similaire est effectué pour le continent nord-américain et le monde arabe.

Année après année, les rapports indiquent une corrélation positive entre le degré de liberté économique et les résultats tant économiques que sociaux, une

Réinventer le Québec

corrélation d'ailleurs confirmée par de nombreuses études économétriques sophistiquées, effectuées à partir des données de l'Institut Fraser.

On constate notamment que, plus une économie est libre, plus le PIB par habitant augmente, plus la croissance de ce PIB est rapide, plus le niveau de vie des pauvres est élevé, plus les droits civils et politiques sont respectés, plus l'espérance de vie est longue, plus la satisfaction à l'égard de la vie est forte, et moins on observe de corruption.

En 2006, deux chercheurs ont analysé les résultats de quarante-cinq études portant sur l'influence de la liberté économique sur la prospérité[74]. Leur conclusion est formelle : « Quels que soient les pays qui forment l'échantillon, la manière de mesurer la liberté économique et le niveau d'agrégation, il existe des preuves solides d'une relation positive et directe entre la liberté économique et la croissance[75]. » Ils constatent que les études qui omettent d'inclure une mesure de liberté économique dans leurs analyses produisent des résultats faussés.

Et le Québec ?

Selon l'étude de l'Institut Fraser[76] qui classe les cinquante États américains et les dix provinces canadiennes en fonction de leur degré de liberté économique, le Québec fait piètre figure. En 2011, tous les paliers de gouvernement confondus, le Québec arrivait en 49ᵉ position. Seules l'Île-du-Prince-Édouard et la Nouvelle-Écosse obtenaient un plus mauvais score. En revanche, l'Alberta, la Saskatchewan, Terre-Neuve-et-Labrador et la Colombie-Britannique se situaient respectivement en 1ʳᵉ, 2ᵉ, 6ᵉ et 7ᵉ position. Du point de vue infranational (gouvernements provinciaux ou des États et gouvernements municipaux), le Québec se classait bon dernier! De plus, la présence du Québec dans le peloton de queue n'est pas limitée à 2010. Au contraire, elle est récurrente depuis 1981 à quelques variations près[77].

On ne peut donc ni analyser ni corriger la performance économique décevante du Québec sans tenir compte du peu de liberté économique dont bénéficient les Québécois par rapport à la vaste majorité des Nord-Américains. Tant que les décisions ne pourront être prises dans un contexte de liberté économique, tant que les conditions qui entourent les transactions seront dictées par l'État, tant que l'arbitraire de l'élite politique et des fonctionnaires prévaudra, tant que la concurrence sera étouffée, les Québécois seront relativement moins prospères. Surtout, tant et aussi longtemps que la classe dirigeante refusera de reconnaître l'importance de la liberté économique, elle condamnera les Québécois à être à la traîne des autres régions du Canada et du continent.

Chapitre 11

LES CARACTÉRISTIQUES STRUCTURANTES

> « C'est dans leur convention
> à page quatre-vingt
> la compétition
> faut t'nir ça ben loin. »
> RICHARD DESJARDINS, *Les Bonriens*

Dans les trois prochains chapitres, nous présentons les chantiers-clés à mettre en œuvre pour réaliser un Québec socio-économique renouvelé : les caractéristiques structurantes dans le présent chapitre, les politiques sectorielles essentielles au chapitre 12 et les politiques institutionnelles au cœur de l'alliance au chapitre 13.

Nous ferons correspondre ces douze chantiers aux douze travaux d'Hercule pour souligner le caractère exigeant, voire héroïque, de ces douze chantiers que nous associons par ailleurs à une nouvelle révolution tranquille. Dans la mythologie grecque, Héraclès (Hercule)[78] est la personnification du courage et de la détermination, le protecteur du peuple et le gardien des cités. Ses succès sont dus à sa vigueur physique, sa soif de justice et son goût d'aventure, sans oublier sa grande capacité procréative. Les douze « travaux d'Hercule » ont été considérés comme un symbole de l'éternité de la vertu, de la force de l'éloquence, de la libération individuelle, de la quête de l'immortalité et du dédain de la médiocrité. C'est dans la douleur et grâce à ses « efforts héroïques » qu'Hercule parvient à vaincre, à exterminer ou à dominer tous les monstres (symboles de fléaux et de forces du mal physiques ou économiques !) qui croisent son chemin et terrorisent les lieux, régions et pays, et leurs habitants. Malgré ses défauts, Hercule prêche le courage, l'effort et la générosité.

Les quatre caractéristiques ou engagements structurants d'un Québec socio-économique renouvelé sont les suivants.

I. Redéfinir les rôles respectifs des secteurs public ou gouvernemental, d'une part, et privé ou concurrentiel, d'autre part.

II. S'abstenir de manipuler indûment les signaux de rareté et de valeur relatives que sont les prix concurrentiels.

III. Favoriser le recours systématique aux mécanismes concurrentiels dans la production et la distribution des biens et services publics et sociaux, et affirmer le droit pour tous les citoyens de contester et de remplacer le cas échéant les producteurs et distributeurs actuels de ces biens et services publics et sociaux.

IV. Mettre sur pied des méthodes et processus d'évaluation rigoureuse, transparente, indépendante et crédible des politiques et programmes publics.

I. Redéfinir les rôles respectifs des secteurs public ou gouvernemental, d'une part, et privé ou concurrentiel, d'autre part

La caractéristique centrale d'un Québec socio-économique renouvelé est de redéfinir le rôle du secteur public ou gouvernemental, et de favoriser le développement et le maintien de compétences-clés bien définies dans le secteur gouvernemental et dans le secteur concurrentiel.

Le rôle des gouvernements et des administrations publiques est triple :

- cerner les besoins des citoyens en biens et services publics et sociaux, tant en qualité qu'en quantité ;
- faire les arbitrages nécessaires ;
- gérer les contrats et partenariats avec les entreprises et organisations du secteur concurrentiel pour la production et la distribution de ces biens et services publics et sociaux au meilleur coût possible, et ce, dans l'intérêt des citoyens.

C'est en assumant efficacement ces trois compétences-clés que les administrations publiques, motivées par le processus électoral, contribueront au maximum au mieux-être des citoyens. Ces administrations ne doivent pas se substituer au secteur concurrentiel (entreprises privées, entreprises coopératives, organisations communautaires, organisations de la société civile, organismes sans but lucratif, etc.), dont les compétences-clés doivent être au premier chef de produire efficacement les biens et services privés, publics et sociaux, en utilisant les meilleures ressources humaines et matérielles possible.

La mise sur pied de cette première caractéristique d'un Québec socio-économique renouvelé se traduira par une réduction de l'envergure actuelle de plusieurs organisations publiques, en particulier dans la production et la distribution des biens et services publics et sociaux, ainsi que dans certains cas par un véritable démantèlement de l'appareil fonctionnarisé, analogue au lion de Némée.

Le lion de Némée terrorisait la région d'Argolide en dévorant ses habitants. En habile chasseur, Hercule tira une volée de flèches vers le monstre et lui asséna plusieurs coups d'épée et de massue, mais en vain. Il en vint finalement à bout dans un corps à corps mémorable, en saisissant l'animal à la gorge et l'étouffant de ses mains nues.

Ce démantèlement se fera au profit d'un ajout important de ressources « sur le terrain ». Il peut et doit se faire dans le respect des personnes en favorisant de manière incitative l'adaptation et le redéploiement des ressources humaines et matérielles concernées.

Plusieurs pourraient craindre ici que cette réduction de la taille de l'État aille à l'encontre du rôle historique de celui-ci comme levier de l'émancipation économique des Québécois. Bien au contraire, le démantèlement partiel, mais important de plusieurs aspects de l'appareil gouvernemental fonctionnarisé permettra à l'État de retrouver son rôle véritable, qui est de promouvoir le mieux-être des citoyens en assumant ses trois compétences-clés. Le rôle de l'État reste primordial, mais au lieu d'en faire un producteur et un distributeur de biens et services, le Québec socio-économique renouvelé en fait un concepteur de biens et services, un arbitre entre divers besoins, et un gestionnaire de contrats pour la fourniture efficace des biens et services publics et sociaux aux citoyens.

L'entrepreneuriat public ou gouvernemental et privé ou concurrentiel est une ressource trop importante pour qu'on le gaspille en confondant les rôles. On peut à titre d'exemple mentionner les entreprises publiques dans les domaines de la santé et de la finance, entre autres. S'il est du ressort des autorités politiques de définir des paniers de biens et de services de santé, puis de les proposer à la population par l'intermédiaire de la concurrence démocratique (électorale), il ne s'ensuit pas qu'il est du ressort de ces autorités politiques de produire et de distribuer ces biens et services directement par l'intermédiaire d'organisations fonctionnarisées du secteur public. Il sera souvent et de manière générale beaucoup plus efficace de faire produire ces paniers de biens et services par le secteur concurrentiel grâce à des mécanismes eux-mêmes concurrentiels, ouverts, transparents et plus incitatifs à la performance et à l'expérimentation créatrice.

De même, il est du ressort des autorités politiques de définir des paniers de biens et de services financiers (capital de risque, fonds de retraite transférables, sociétés de financement, programmes de subventions, par exemple) et de les offrir à la population par l'intermédiaire de la concurrence démocratique. Mais il sera typiquement beaucoup plus efficace d'implanter et de réaliser ces programmes par l'intermédiaire du secteur concurrentiel, grâce encore une fois à des mécanismes eux-mêmes concurrentiels, ouverts, transparents et plus incitatifs à la performance, que par l'intermédiaire d'institutions financières publiques ou parapubliques agissant en quasi-monopoles et donnant lieu à des possibilités de manipulation opaque et parfois occultée des fonds publics.

II. S'abstenir de manipuler indûment les signaux de rareté et de valeur relatives que sont les prix concurrentiels

Cette deuxième caractéristique structurante d'un Québec socio-économique renouvelé vise à mettre fin à la manipulation des prix, première cause d'inefficacité économique et, à ce titre, l'analogue de l'hydre de Lerne.

L'hydre terrorisait la contrée fertile et sacrée de Lerne et sa population en répandant par ses dizaines de têtes un venin si toxique que son haleine et son odeur suffisaient à empoisonner les mortels.

L'efficacité et l'efficience de notre société dans l'utilisation et le déploiement de ses ressources passent par une meilleure motivation et une meilleure coordination des décisions. Ces dernières, quant à elles, reposent sur une meilleure information des citoyens sur la rareté relative des ressources, des biens et des services, une information que transmettent les prix concurrentiels. La vérité des prix (concurrentiels) vient donner à tous, individus et entreprises, des repères quant à la valeur sociale des productions et consommations, donc par ricochet des investissements, et favorise la contribution des créateurs, innovateurs et entrepreneurs à la solution des problèmes.

En éducation et en santé, une approche d'allocation de ressources et de rationalisation par les prix – frais de scolarité et tickets modérateurs en santé, assortis d'instruments de financement et d'assurance concurrentiels, possiblement fiscalisés avec assurances complémentaires intégrales pour les moins nantis – pourrait être bénéfique. Si elle est bien conçue et appliquée, cette approche permettrait d'atteindre de manière plus efficace et plus efficiente les objectifs des systèmes publics d'éducation et de santé véritablement universels et accessibles, dans l'intérêt des citoyens.

Outre ceux de l'éducation et de la santé, les secteurs de l'énergie, de l'agriculture et des transports sont des secteurs où la libéralisation et la vérité des prix seraient fortement créatrices de richesse collective. Dans ces domaines comme dans bien d'autres, les planificateurs bienveillants et bien intentionnés, mais irréalistes, sujets de la pensée magique, souhaitant implanter d'en haut une solution miracle aux problèmes, finissent toujours par accentuer ces derniers. Les cas de l'énergie et de l'agriculture en sont des témoins éloquents.

La tarification dans le secteur de l'énergie (électricité) est inadéquate et destructrice de bien-être au

Réinventer le Québec

profit de groupes bien organisés, qui bénéficient souvent de l'appui de groupes de défense des consommateurs mal informés. Le maintien depuis des lunes du prix de l'électricité au-dessous de son coût d'opportunité ou coût de renonciation, son véritable coût économique, a considérablement appauvri le Québec. Le potentiel énergétique du Québec est phénoménal, non seulement en matière de ressources naturelles, mais également en ce qui concerne les compétences et surtout les marchés potentiels, le Québec étant limitrophe du plus important marché du monde. Mais les Québécois ont littéralement subi et subissent encore la mainmise intéressée d'une coalition d'élus, de gens d'affaires et de syndicalistes – souvent sous le couvert d'une contribution au développement régional – sur ses ressources énergétiques. Cette manipulation des prix mène à un développement des ressources énergétiques mal orienté qui nuit aux plus démunis, mine le développement durable et dilapide les bénéfices potentiels que pourrait générer une exploitation socialement optimale des ressources énergétiques.

Le secteur agricole est un autre bel exemple d'exploitation du pouvoir public et de ses prérogatives au profit de groupes de pression anormalement puissants. La mainmise des producteurs agricoles et des politiciens sur la «gestion de l'offre», en particulier dans le domaine des produits laitiers, des œufs et de la volaille au Québec, est une véritable arnaque du droit des clients-citoyens à des produits de qualité aux meilleurs coûts.

Si des aides sont nécessaires, on aurait intérêt à remplacer ces politiques de manipulation des prix (ou de l'offre), par exemple en énergie et en agriculture, par des subventions financières directes, inscrites aux crédits budgétaires, donc plus transparentes et plus efficaces.

Il en est de même du secteur des transports, tant publics que privés, tant des personnes que des marchandises, qui au fil du temps est devenu le secteur le plus subventionné, par conséquent le plus manipulé de tous, et ce, au détriment d'une économie plus efficace et innovante et donc des intérêts des citoyens, producteurs et consommateurs.

III. Favoriser le recours systématique aux mécanismes concurrentiels dans la production et la distribution des biens et services publics et sociaux, et affirmer le droit pour tous les citoyens de contester et de remplacer le cas échéant les producteurs et distributeurs actuels de ces biens et services publics et sociaux

Un Québec socio-économique renouvelé offrira à ses citoyens les biens et services publics et sociaux les meilleurs possible au meilleur coût possible, et cherchera systématiquement à augmenter sa productivité dans la fourniture de ces biens et services. Pour ce faire, il faudra briser le monopole public actuel – émule du sanglier d'Érymanthe –, dans la fourniture de ces biens et services, et l'ouvrir à la concurrence.

> Le sanglier d'Érymanthe ne descendait de sa montagne que pour ravager la région avoisinante. Pour le capturer, Hercule dut abattre forêts et landes et lui tendre un piège dans lequel le monstre se retrouva immobilisé, le héros se jetant alors sur son dos pour le maîtriser de ses mains nues.

Il faut offrir des contrats de performance aux entreprises des secteurs public et privé par l'intermédiaire d'un processus d'enchère concurrentielle. On affirmera ainsi le droit pour tous les citoyens de contester et de remplacer le cas échéant les producteurs et distributeurs actuels de ces biens et services publics et sociaux.

Réinventer le Québec

Seuls des mécanismes concurrentiels, ouverts et transparents, faisant une place importante à la liberté économique et faisant appel à l'ingéniosité créatrice et innovatrice de tous les citoyens peuvent garantir l'émergence d'une société où les intérêts des citoyens prédominent, où les choix de production, de consommation et d'investissements tant publics que privés sont faits de manière efficace sur la base des meilleures informations disponibles, des meilleures compétences disponibles et des meilleures perspectives de développement : une société où le réel et le contenu dominent les clichés, la langue de bois et le contenant.

Des mécanismes complémentaires ou substituts aux marchés concurrentiels doivent être mis en place là où ceux-ci pourraient se révéler inefficaces ou difficiles (trop coûteux) à instaurer. On pense en particulier :

- aux mécanismes d'étalonnage permettant la concurrence entre unités du secteur public ;
- aux mécanismes d'enchère concurrentielle favorisant la mise en concurrence des pourvoyeurs/ fournisseurs du secteur gouvernemental et du secteur concurrentiel ;
- aux mécanismes de type concurrentiel dans tous les autres cas où les prix ou négociations ouvertes pourraient s'avérer difficiles à mettre en place, tels des tribunaux administratifs émulateurs de processus concurrentiels ou des enchères bien conçues et adéquatement définies pour contrecarrer l'omniprésent syndrome NIMBY (*Not In My Back Yard* ou « pas dans ma cour »), permettant à la fois l'expression des intérêts et « préférences » des citoyens et l'émergence d'une solution efficace.

Le syndrome NIMBY apparaît entre autres lors de projets de localisation générateurs de nuisances localement, mais générateurs des bénéfices globalement (incinérateurs, raffineries, transport de matières dangereuses, entreposage de déchets dangereux). Le recours à la puissance publique pour imposer une solution est trop souvent la solution privilégiée, ce qui conduit inévitablement à un sentiment de frustration, voire une opposition musclée des groupes de citoyens concernés. La solution repose plutôt sur l'utilisation de mécanismes d'enchères qui permettent aux groupes concernés d'exprimer leurs préférences et de participer à la prise de décision et de localiser l'équipement au meilleur endroit possible dans une perspective gagnant-gagnant. Possible? Tout à fait, grâce à des mécanismes de compensation, reposant sur la mise en concurrence des sites potentiels.

Un tel mécanisme économique pourrait se dérouler en trois étapes: d'abord, une analyse socio-économique confirmant l'intérêt du projet; ensuite, une analyse technique pour déterminer les sites potentiels, tous ces sites pouvant dans l'approche traditionnelle être forcés d'accueillir l'équipement; enfin, une procédure de «concertation» permettant aux représentants des différents sites potentiels de «s'entendre» sur un site donné et sur le montant des transferts, compensations et contributions.

Les deux premières étapes ne sont pas exemptes d'embûches et doivent être réalisées avec diligence et impartialité, mais ne posent pas de réels problèmes méthodologiques. À la troisième étape, un conseil de représentants municipaux ou régionaux de chacun des sites exprimerait une demande de compensation pour accueillir l'équipement. Le conseil dont la demande de compensation est la plus faible accueillerait l'équipement et recevrait un niveau de compensation nettement supérieur à celui demandé, les citoyens du site profitant alors d'un gain important de bien-être vu la surcompensation. Les conseils des autres sites seraient alors appelés à verser des contributions proportionnelles à leurs demandes respectives de compensation de façon que le total des contributions soit égal à la compensation versée au « gagnant » de l'enchère. Malgré leurs contributions, tous ces groupes « perdants » sortent littéralement *gagnants* de l'enchère : il leur en coûtera moins pour éviter d'accueillir l'équipement que le coût en bien-être que cet accueil leur aurait imposé, et ce, selon leur propre évaluation. Cette approche peut être généralisée au cas où les unités d'équipement du projet devraient être localisées sur plus d'un site.

IV. Mettre sur pied des méthodes et des processus d'évaluation rigoureuse, transparente, indépendante et crédible des politiques et programmes publics

Il est de connaissance commune que les gouvernements de toutes tendances ont la mauvaise habitude de créer à répétition de nouveaux programmes qui seront très rarement soumis dans le temps à des évaluations rigoureuses. Il faut donc mettre sur pied des processus et méthodes d'évaluation rigoureuse, transparente, indépendante et crédible des politiques et programmes publics.

Ces évaluations rigoureuses et indépendantes devraient permettre de comparer les impacts et les coûts des programmes aux objectifs qui au départ ont pu les justifier. La reconnaissance de la rationalité individuelle exige des autorités politiques qu'elles prennent en considération dans le design de politiques et de programmes les changements anticipés (y compris les effets pervers) dans les comportements individuels à la suite de l'implantation de ces politiques et programmes.

Un Québec socio-économique renouvelé n'a que faire des souhaits et des vœux pieux. Au contraire, l'évaluation rigoureuse des politiques et programmes doit s'appuyer sur la reconnaissance de la capacité des individus de faire des choix par lesquels ils expriment leur rationalité. Mais la difficulté de l'évaluation de politiques et programmes ne doit pas être sous-estimée, telle la biche de Cérynie.

La biche de Cérynie, dotée de cornes d'or et de sabots d'airain la rendant étonnamment rapide, devait être capturée vivante, car elle appartenait à la déesse Artémis. La poursuite dura une année entière, mais Hercule finit par l'épuiser et la capturer.

Il peut être nécessaire de créer à cet effet un organisme indépendant responsable de veiller au développement de méthodes d'évaluation des programmes et des politiques publiques.

Tous les services publics devraient être évalués à intervalles réguliers (trois, quatre ou cinq ans) : on doit malheureusement constater que, dans la grande majorité des cas, les évaluations courantes des programmes et politiques, souvent internes au secteur gouvernemental, sont superficielles et sans fondements analytiques sérieux. Citons trois cas particulièrement révélateurs : les programmes de création d'emplois (sous de multiples formes), les programmes de subventions aux régions et aux entreprises, et finalement, les garderies subventionnées, dites à 7 $.

Les évaluations de retombées économiques de ces programmes, en particulier ceux de création d'emplois, sont souvent truffées de double sinon de triple comptage des résultats. Elles souffrent presque toujours d'une ignorance plus ou moins consciente de leurs coûts réels en matière de pertes d'emplois, de déplacement de solutions de rechange qui auraient pu voir le jour, n'eût été la mise en place du programme subventionné (coûts d'opportunité et effets pervers), et du coût social des fonds publics systématiquement (et stratégiquement) sous-évalués[79].

On oublie aussi souvent de prendre en compte leur contribution à une culture de dépendance à l'aide gouvernementale et au report indéfini des adaptations et changements souhaitables au sein des groupes, secteurs ou régions favorisés par ces politiques.

Les subventions aux entreprises sont une source majeure et quasi inépuisable de distorsions coûteuses dans l'économie. Faute d'une quantification rigoureuse, les mesures d'aide sont souvent formulées de manière opaque et justifiées ou critiquées à l'aide d'arguments subjectifs et contestables, deux obstacles majeurs dans la quête de l'efficacité. Il faudrait abandonner l'ensemble des subventions aux entreprises et organisations pour les remplacer par des mécanismes plus transparents d'aide à l'adaptation continue des intéressés aux soubresauts de l'environnement économique et social. Ces mécanismes doivent dans certains cas être créés et développés.

Dans le cas particulier des garderies subventionnées, que plusieurs considèrent peut-être avec raison comme un fleuron du « modèle québécois », deux aspects troublants devraient faire l'objet d'une évaluation indépendante : l'interdiction faite aux garderies privées non subventionnées de répondre à un appel d'offres pour l'octroi de nouvelles places, et les règles de déductibilité fiscale des dépenses encourues par les parents d'enfants fréquentant les garderies privées non subventionnées. Les arguments sous-jacents à ces politiques sont particulièrement fallacieux, car ils font fi des intérêts des enfants, de la dynamique de la création de garderies privées non subventionnées et des principes d'éthique et d'équité.

La mise en œuvre de ces quatre engagements structurants et de l'ensemble des réformes et politiques qu'ils impliquent modifiera en profondeur le visage socio-économique du Québec. Ces engagements donneront aux citoyens un droit et un pouvoir réels de contestation de l'ordre établi en leur permettant de concurrencer et de remplacer le cas échéant les fournisseurs de biens et services publics et sociaux, grâce aux mécanismes concurrentiels mis en place.

Chapitre 12

LES POLITIQUES SECTORIELLES ESSENTIELLES

« [Si] vous voulez combattre pour l'environnement, n'embrassez pas un arbre, mais étreignez plutôt un économiste. Étreignez un économiste qui vous dit que les combustibles fossiles sont le troisième secteur économique le plus subventionné après le transport routier et l'agriculture. Étreignez un économiste qui vous dit que le système des prix compte et que c'est potentiellement l'outil le plus puissant pour générer un changement social. »

BILL MOYERS

Dans ce chapitre, nous présentons les politiques sectorielles essentielles au cœur même du Québec socio-économique renouvelé.

V. Redynamiser le développement et l'adaptation de notre capital humain en responsabilisant davantage nos écoles, collèges et universités, et en poursuivant une politique d'immigration plus agressive et plus efficace.

VI. Accroître la participation du secteur privé au sein du régime public de santé.

VII. Valoriser les ressources environnementales – l'eau en particulier – par la création de marchés, et ce, pour en assurer une protection et une valorisation optimales et raisonnées.

VIII. Favoriser les partenariats public-privé dans le développement et le maintien des infrastructures publiques.

V. Redynamiser le développement et l'adaptation de notre capital humain en responsabilisant davantage nos écoles, collèges et universités, et en poursuivant une politique d'immigration plus agressive et plus efficace

Dans un contexte de mondialisation, la croissance économique et l'avantage concurrentiel relatifs des sociétés reposeront de plus en plus sur la réduction des distorsions implicites (effets pervers) qu'entraînent les interventions sociales et économiques de leurs gouvernements et, ensuite, sur la qualité de leurs ressources humaines, plutôt que sur leurs technologies spécifiques ou leurs dotations en ressources matérielles et naturelles. La mondialisation permet déjà d'accéder à de grands marchés dans lesquels la compétence dominera.

Il est crucial pour le Québec de pouvoir compter sur des entreprises capables d'affronter cette concurrence en se basant sur la qualité et la compétence de leurs ressources humaines. D'où l'importance des mécanismes incitatifs à la performance dans le développement et la mise à jour continuelle des compétences. La tâche est colossale, car les embûches seront nombreuses. La mise sur pied d'un système de développement du capital humain de haute performance soulèvera l'opposition musclée des milieux qui résistent à une véritable reddition de compte et se complaisent dans un système moins efficace et moins efficient que souhaitable, en émules des juments de Diomède.

Les juments de Diomède, roi de Thrace, avaient la fâcheuse habitude de dévorer les humains. Pour les capturer, Hercule dut massacrer l'armée de ce dernier, les cruels et barbares Bistones, ce qu'il fit naturellement avec sa massue et ses mains nues. Après avoir jeté le tyran Diomède dans l'auge des juments, Hercule ramena celles-ci enchaînées à Mycènes. On raconte que les juments furent plus tard sacrifiées à la déesse Héra sur le mont Olympe.

Il faut ainsi:
- favoriser la prise en charge par chaque individu du développement et du maintien de son capital humain et de son portefeuille de compétences;
- développer les outils et instruments de gestion de risques quant aux changements inéluctables dans l'environnement économique des individus (fermeture d'usines, déplacement des emplois, création de nouveaux emplois et de nouvelles possibilités, délocalisation, etc.);
- impliquer de manière concrète les entreprises et organisations privées et publiques dans les programmes de formation des compétences aux niveaux collégial et universitaire, en favorisant la formation en entreprise des compétences techniques et en exigeant d'elles des analyses rigoureuses et plausibles de leurs besoins futurs;
- revoir de fond en comble les mécanismes actuels de financement des établissements d'enseignement (écoles, collèges et universités) pour les soumettre à des mécanismes incitatifs puissants et crédibles, en mettant l'accent sur leur efficacité à s'acquitter de leur mission de produire et de former une relève scientifique et professionnelle compétente (dont l'économie et la société ont grandement besoin), et leur capacité d'assurer la formation continue, la mise à niveau et le renouvellement des expertises/aptitudes des citoyens;
- revoir notre approche quant à l'immigration et

à l'insertion des immigrants sur les plans social et économique, en favorisant une hausse importante du nombre d'immigrants et leur intégration plus rapide et plus accueillante, non seulement dans le tissu social québécois, mais aussi dans leurs domaines respectifs de compétence.

Il faut au premier chef responsabiliser davantage les intervenants par la mise en concurrence des écoles, donc de leur financement, pour véritablement valoriser l'énorme potentiel sous-utilisé et sous-exploité que sont les compétences déjà présentes au sein du réseau des écoles tant publiques que privées. Il faut aussi considérer la possibilité d'une restructuration de la formation professionnelle pour que les élèves qui souhaitent s'y orienter puissent le faire dès leur quatrième année de secondaire. Cela permettrait de mieux répondre aux besoins et velléités de ce groupe d'élèves tout en fournissant au marché du travail une main-d'œuvre technique et professionnelle de haute qualité[80].

Parallèlement, il faut assurer une plus grande autonomie et une plus grande responsabilisation de nos universités afin de promouvoir leur qualité, améliorer leur financement et accroître leur taux de fréquentation. Il faut de toute urgence repenser le système des frais de scolarité qui sont maintenus à des niveaux anormalement bas, voire désastreux pour la qualité de nos universités. Il faut mettre fin au paternalisme réducteur et destructeur dont souffrent les universités québécoises : le gouvernement du Québec devrait annoncer ses subventions à ces dernières et les laisser ensuite fixer librement, à l'intérieur de balises générales, leurs frais de scolarité selon le domaine et le niveau de formation, en fonction de leurs domaines de compétence respectifs et de la concurrence à laquelle elles font face au Québec et à l'international. Il

Réinventer le Québec

est important en contrepartie que le gouvernement et les universités mettent sur pied un système efficace et incitatif de financement des étudiants universitaires.

VI. Accroître la participation du secteur privé au sein du régime public de santé

Plusieurs personnalités du domaine de la santé, des médias, du monde politique et autres affirment et réaffirment leur volonté de défendre le régime public de santé, c'est-à-dire leur volonté de s'opposer à la présence actuelle ou accrue du secteur privé dans le système de soins de santé, afin d'assurer la qualité, l'universalité, l'équité et l'accessibilité de ceux-ci.

Trop souvent, ces personnalités contribuent à semer la confusion entourant la présence du secteur privé en santé. Elles associent système de santé public, universel, équitable et accessible, d'une part, et prestation des soins par des « organismes gouvernementaux », d'autre part, et ce faisant favorisent la survie d'un système de fourniture de soins moins efficace que souhaitable, et nuisent par le fait même au mieux-être des citoyens, en émules des oiseaux du lac Stymphale.

> Les oiseaux du lac Stymphale étaient de féroces volatiles, aux serres, becs et ailes d'airain et aux plumes de bronze, qui terrorisaient la cité de Stymphale et souillaient les récoltes de leur fiente : les victimes picorées par les carnassiers se comptaient par centaines lors de chaque assaut. Hercule réussit à faire sortir les volatiles de leur cachette et tira alors une centaine de flèches à la seconde pour exterminer tous ces oiseaux de malheur.

Notre système de santé est malade, non pas en raison de la qualité des soins qu'on y prodigue, car ils sont très bons lorsque prodigués, mais à cause de l'accessibilité qui laisse beaucoup à désirer. Nous en voulons pour preuves le nombre élevé de Québécois incapables de trouver un médecin de famille, les délais anormalement longs pour obtenir un rendez-vous et l'engorgement des urgences, entre autres symptômes d'un mal plus profond. Les délais d'attente contribuent à la sévérité des cas et à la morbidité, voire à des décès évitables.

La qualité d'un système de santé public, universel et accessible n'exige aucunement que la prestation des soins soit contrôlée par un système monopolistique d'organismes publics. La seule façon pour les citoyens de se convaincre que leurs fournisseurs de soins sont efficaces et compétents, c'est de les mettre en concurrence sur tous les plans. C'est ce que l'on fait dans pratiquement tous les domaines de notre vie privée et publique. Pourquoi pas dans notre système de santé ? Un système concurrentiel dans la fourniture de services de santé devrait être l'essence et le cœur mêmes d'un système public, universel, équitable, accessible, et de la meilleure qualité possible.

Loin d'être à l'abri de toute critique, le système français obtient de meilleurs résultats que le nôtre sur plusieurs plans, y compris pour les files d'attente, le taux de décès évitables dus à des soins de santé déficients et le taux de satisfaction de la population. Or, la France fait une grande place aux prestataires privés, souvent à but lucratif, au sein de son régime public de soins de santé.

En effet, quelque 37 % des établissements de soins de santé avec capacité d'hospitalisation sont des établissements privés à but lucratif, représentant plus de 20 % des lits d'hospitalisation. À titre de comparaison, le secteur privé à but lucratif aux États-Unis représente moins de 15 % de l'ensemble des établissements avec capacité d'hospitalisation, et 12 % des lits ! En France, les établissements privés à but lucratif réalisent 50 % des chirurgies de l'appareil digestif,

40 % des chirurgies cardiaques, 75 % des opérations de la cataracte et 30 % des accouchements. Fournisseurs publics et privés sont pleinement intégrés au régime public d'assurance maladie, qui couvre les dépenses aux mêmes conditions, que ces dépenses aient été engagées dans un établissement public ou privé, à but lucratif ou non. Depuis 2000, les citoyens à faible revenu bénéficient à 100 % d'une couverture médicale universelle. Or, 50 % d'entre eux choisissent librement d'être soignés dans le privé!

VII. Valoriser les ressources environnementales – l'eau en particulier – par la création de marchés, et ce, pour en assurer une protection et une valorisation optimales et raisonnées

La protection de l'environnement est devenue une véritable industrie et une source quasi inépuisable de réglementations tatillonnes souvent bien intentionnées, mais inefficaces, un véritable taureau de Crète.

> Le magnifique taureau, créature de Poséidon, se transforma en bête féroce et incontrôlable à la suite d'une duperie de Minos, roi de Crète. Père du Minotaure, l'animal se mit à ravager les vignobles, dévaster les campagnes et assaillir les habitants de la Crète. Hercule réussit à s'accrocher aux gigantesques cornes de l'animal et à le dompter après une folle course de plusieurs jours.

Chercher à maximiser la croissance économique dans le but d'accroître le bien-être des citoyens mène invariablement à la question de la protection de l'environnement. D'ailleurs, dans le sillage du protocole de Kyoto adopté en 1998, les politiques environnementales et la gestion de l'environnement ont été au centre des débats, mais la plupart de ces débats se sont focalisés sur les coûts élevés liés à l'atteinte des normes requises. Peu a été dit sur la façon d'atteindre ces normes ou cibles. Les instruments fondés sur les mécanismes de marché sont une partie cruciale de la solution, car ils permettent de satisfaire une condition première d'efficacité environnementale, à savoir l'égalité des coûts marginaux de réduction de la pollution dans toutes les entreprises. Les mécanismes de réglementation qui exigeraient que toutes les entreprises adoptent les mêmes normes seraient inefficaces : les entreprises dont les coûts marginaux de réduction de la pollution sont les plus faibles ne vont pas réduire suffisamment leurs émissions, tandis que les entreprises dont les coûts marginaux de réduction de la pollution sont élevés réduiront trop leurs émissions.

L'implémentation du bon niveau de protection de l'environnement peut être réalisée, en partie, à l'aide de prix concurrentiels des « services environnementaux » par l'intermédiaire d'un prix du carbone, de droits de pollution échangeables et également de l'abolition des subventions gouvernementales, en particulier pour le charbon, les énergies fossiles, l'agriculture, l'élevage industriel, l'exploitation forestière, les pêcheries commerciales et la chimie, qui contribuent à la dégradation de l'environnement. C'est dans cette direction que le Québec doit aller, préférablement dans le cadre d'ententes nationales et internationales, pour éviter de nuire à la compétitivité des entreprises d'ici.

Les écologistes et les environnementalistes semblent parfois considérer qu'utiliser et détruire les systèmes écologiques naturels est en soi mal et immoral. Les économistes ne sont pas de cet avis. Ils considèrent plutôt qu'une bonne utilisation – qu'elle soit appelée dégradation, destruction ou exploitation – des systèmes écologiques ou environnementaux est jugée socialement efficace si elle résulte d'un échange dans un système de marché. Joan Roughgarden, professeure d'écologie et de biologie à l'Université Stanford, a écrit[81] : « Les économistes n'ont pas l'intention de céder le terrain de la grandeur morale aux écologistes uniquement parce que l'humanité fait partie d'un gigantesque écosystème. En principe, la science économique traite de "l'efficacité éthique" – tentant d'atteindre le mieux pour le plus grand nombre, étant donné les contraintes budgétaires de temps et d'argent. En réalité, les choses ne sont pas aussi simples, mais il est important de réaliser que les points de départ éthiques sont tout aussi nobles chez les économistes que chez les écologistes. » (traduction libre)

Un dossier à la fois économique et écologique particulièrement important pour le Québec est celui de l'exploitation de nos ressources en eau douce. L'eau douce est un produit dont la valeur économique relative a augmenté de manière importante et continuera d'augmenter dans les prochaines années[82]. Elle est ainsi devenue une source potentielle de richesse et une occasion d'investissement de plus en plus intéressante. Il faut que le Québec prenne les devants et s'affiche comme un gestionnaire de premier plan des ressources d'eau douce[83]. Le Québec doit lancer un vaste programme de recherche exhaustive sur ses particularités hydrologiques, sur les différentes facettes et modalités des marchés de l'eau, et sur les modalités ou technologies de transfert aux fins d'exportation d'eau si la province doit tirer parti des occasions qui pourraient se présenter d'exporter de l'eau à l'échelle nationale, continentale ou mondiale. Le potentiel extraordinaire du Québec, le rôle et les responsabilités que l'existence de ce potentiel lui impose et le fait que l'exploitation responsable de ces ressources hydriques devient un enjeu continental, voire planétaire, pourrait représenter ainsi une occasion de développement et de création de richesse importante.

VIII. Favoriser les partenariats public-privé dans le développement et le maintien des infrastructures publiques

Le Québec a mal à ses infrastructures, depuis trop longtemps négligées par les pouvoirs publics, qui se préoccupaient davantage de développer de nouveaux programmes sans tenir compte de la nécessité de veiller à l'accroissement de la productivité, donc de l'efficacité et de l'efficience au sein de notre économie, tant dans son secteur public que privé. Le développement et le maintien efficaces et efficients des infrastructures publiques passent par les partenariats public-privé (PPP).

Ces partenariats représentent un changement important dans les relations, collaborations et interactions au sein du secteur gouvernemental, et entre le secteur gouvernemental et le secteur privé ou concurrentiel. Bien que les partenariats public-privé soient devenus la façon privilégiée de développer et de maintenir les infrastructures publiques dans bien des pays et plusieurs provinces canadiennes, ils tardent à s'implanter au Québec. Encore une fois, le changement, même bénéfique à moyen terme pour toutes les composantes économiques et sociales du Québec, provoque une levée de boucliers, car il dérange l'ordre établi. Le fait que cet ordre établi ait contribué au retard économique du Québec depuis plusieurs décennies ne change en rien le désir de ceux à qui il profite de le maintenir, en émules de Cerbère :

> Hercule dut se rendre aux Enfers pour capturer Cerbère, le monstrueux chien de garde qui empêchait toute âme défunte de regagner le chemin de la vie. Il ne devait se servir que de ses mains nues. Il trouva le molosse aux trois têtes et au poil hérissé de serpents près des portes de l'Achéron. Sautant à la gorge de l'animal, Hercule réussit à le soumettre, le monstre finissant par se faire

craintif et obéissant. Hercule retrouva alors sa liberté et gagna l'immortalité.

Les partenariats public-privé ont plusieurs avantages sur les modes traditionnels ou conventionnels de développement des infrastructures :
- ils permettent de faire jouer la concurrence entre entrepreneurs dans le développement d'infrastructures et favorisent la découverte de meilleures façons de faire ;
- ils permettent un meilleur partage et une meilleure gestion des risques inhérents au développement des infrastructures ;
- ils permettent une plus grande rigueur et une meilleure prévisibilité dans la comptabilité gouvernementale ;
- ils permettent un développement de compétences qui peuvent par la suite être exportées dans d'autres régions et pays, entraînant la création de très bons emplois ;
- ils permettent pour toutes ces raisons de réduire les coûts des infrastructures[84] et ainsi de développer des infrastructures de meilleure qualité.

Le grand avantage des PPP vient de la mise en concurrence des partenaires privés pour faire émerger les meilleures pratiques (gestion de risques, contrôle des coûts, maintien des infrastructures, développement de compétences à valoriser) et pour réduire le pouvoir des groupes d'intérêts politiques, bureaucratiques, professionnels, corporatistes et syndicaux aux dépens des citoyens contribuables.

La complexité des projets joue en faveur de la formule PPP pour autant que le secteur gouvernemental ait les compétences pour gérer les partenariats dans de tels cas. C'est ici que le bât blesse le plus, d'où l'importance de redéfinir le rôle du secteur public ou gouvernemental et de favoriser le développement et le maintien de compétences-clés en matière de gestion de contrats et de partenariats avec le secteur concurrentiel.

Les politiques sectorielles essentielles présentées dans ce chapitre sont au cœur même du Québec socio-économique renouvelé. Elles touchent les quatre grands secteurs où le rôle du secteur gouvernemental, redéfini au chapitre 11, prend tout son sens : l'éducation, la santé, l'environnement et les infrastructures. Il faut viser une efficacité et une efficience maximales dans ces domaines, car ils conditionnent l'avènement d'un Québec plus performant et plus prospère. Encore une fois, donner aux citoyens un droit et un pouvoir réels d'intervention et de contestation (choix et concurrence) est la condition *sine qua non* d'y arriver.

Chapitre 13

LES POLITIQUES INSTITUTIONNELLES
DE L'ALLIANCE

« La façon la plus sûre de tuer un homme,
c'est de l'empêcher de travailler en lui donnant
de l'argent [...] c'est de le payer à ne rien faire. [...]
c'est de le payer pour être chômeur. »

FÉLIX LECLERC, *Les Cent Mille Façons de tuer un homme*

Dans ce chapitre, nous présentons les quatre politiques institutionnelles définissant l'alliance fondamentale entre la protection sociale et la performance économique dans le cadre d'un Québec socio-économique renouvelé.

IX. Réformer la taxation pour la rendre incitative, cohésive, inclusive et simple, favorable à la flexibilité.

X. Abolir le salaire minimum en faveur d'un programme de redistribution directe et incitative des revenus et de la richesse.

XI. Mettre à un niveau concurrentiel notre régime de relations de travail.

XII. Instaurer un programme de financement plus agressif de la RD, de sa valorisation et de sa commercialisation.

IX. Réformer la taxation pour la rendre incitative, cohésive, inclusive et simple, favorable à la flexibilité

Pour concilier les besoins d'incitations à la performance, de flexibilité sur les marchés du travail, d'efficacité dans l'utilisation de nos ressources, donc de vérité dans les prix (concurrentiels) tout en assurant à chaque individu et à chaque ménage un niveau de vie décent, un Québec socio-économique renouvelé doit revoir et simplifier sa taxation, et la rendre plus incitative, cohésive et inclusive.

Il faut dans le même esprit réduire le coût des embauches et des congédiements, augmenter la rentabilité relative du travail, favoriser une véritable réinsertion sociale à tous les niveaux, dynamiser et rendre plus fluides les marchés du travail en réduisant le coût des transitions par des mesures et instruments concurrentiels d'adaptation aux changements. Ces mesures et instruments restent à créer, à imaginer et à implémenter dans bien des cas, mais c'est un élément crucial d'une véritable politique de taxation et d'adaptation optimale (flexibilité et sécurité). Il faut dans cet esprit faire du système de taxation un facteur créateur de richesse et créateur d'inclusion et de cohésion sociales, une ceinture d'or d'Hippolyte.

Hercule dut se rendre chez les Amazones, femmes ne connaissant ni la pudeur ni la pitié et célèbres pour leurs coutumes sauvages et cruelles, pour rapporter la ceinture d'or d'Hippolyte, la reine des Amazones, une femme d'une grande beauté. Hercule finit par massacrer la reine et plusieurs centaines de ses guerrières avant de s'enfuir avec la ceinture d'or qu'il rapporta au roi de Mycènes. On raconte que la fille du roi à qui la ceinture était destinée ne fut pas impressionnée !

Réinventer le Québec

Pour des raisons d'efficacité et d'efficience économiques, et pour offrir aux citoyens et aux organisations les meilleures incitations à utiliser et à développer les ressources rares pour maximiser le bien-être de tous, il faudrait :

- réduire considérablement, voire abolir l'impôt sur le revenu des individus et le profit des entreprises et redéfinir le régime fiscal en fonction d'une taxe généralisée à la consommation afin de créer le moins de distorsions possible dans les décisions des contribuables (efficacité de la taxation), en particulier dans leurs décisions de participer au marché du travail – la consommation devrait ainsi être taxée quand elle se produit ou au décès, un individu ayant généralement consommé toute sa richesse accumulée au moment de son décès ;
- à défaut d'abolir l'impôt sur le revenu,
  - englober tous les revenus dans la base d'imposition,
  - diminuer les taux marginaux implicites de taxation des chômeurs ou des assistés sociaux lorsqu'ils réussissent à dénicher des emplois à temps plein ou à temps partiel,
  - diminuer les taux marginaux de taxation applicables lors de hausses importantes de rémunération d'une année sur l'autre, disons de 20 %, pour rentabiliser davantage l'emploi et l'acquisition de compétences,
  - imposer un taux minimum applicable sur le revenu global afin de favoriser l'inclusion sociale ;
- abolir la taxe sur le capital pour favoriser l'investissement des entreprises et favoriser les gains de productivité ;
- dans un effort de rendre les citoyens plus responsables et moins récalcitrants en ce qui a trait aux paiements des impôts, il serait intéressant de

permettre à tout citoyen de répartir directement 3 % de ses impôts (impôt de solidarité) entre une fondation/maison d'enseignement, une fondation/institution de santé et un organisme de charité de son choix.

X. Abolir le salaire minimum en faveur d'un programme de redistribution directe et incitative des revenus et de la richesse

Pour des raisons d'efficacité et d'efficience économiques, nous devrons procéder à une réorganisation profonde des mécanismes de soutien aux faibles revenus. Ces mécanismes devront être incitatifs pour les individus et les ménages, et incitatifs également pour les entreprises et les administrations.

Il est certes plus facile de payer un chômeur que de lui fournir un programme incitatif pour le maintien ou l'amélioration de son capital de compétences. De manière similaire, aider les pauvres ou les mendiants en leur donnant simplement de l'argent est la meilleure voie pour encourager le développement de la pauvreté.

Nous avons besoin d'un programme incitatif pour persuader les individus dans le besoin de sortir de la pauvreté par la recherche efficace d'un emploi ou par l'acquisition d'habiletés et de compétences qui sont valorisées par leurs concitoyens. Un tel programme incitatif devrait inclure, en plus de l'aide psychologique à court et à moyen terme, un programme d'acquisition de compétences aussi bien que le versement d'une prime importante en cas de succès. Un moyen d'atteindre ces objectifs est de concevoir un programme incitatif de soutien au revenu basé sur un système de primes à l'autonomie.

Chercher à contrecarrer le développement de la dépendance et parler d'incitatifs à l'autonomie soulèvera l'ire de ceux et celles qui, sous le couvert d'intentions humanitaires et «politiquement correctes», mais mal avisées, car inefficaces, en arrivent indirectement à profiter de la pauvreté sur le dos des populations démunies, se faisant ainsi émules du monstrueux géant Géryon.

> Hercule dut capturer un troupeau de superbes bœufs au pelage écarlate, gardés par Géryon, le monstre aux trois têtes, six bras et trois corps unis à la taille. Confronté au monstre, Hercule décocha trois flèches qui vinrent se planter au milieu des trois fronts, et Géryon s'écroula dans un triple dernier soupir, tandis qu'Hercule s'éloignait avec le superbe troupeau.

Il n'y a pas de politiques sectorielles ou de programmes plus proches des valeurs démocratiques que le soutien aux nécessiteux, aux économiquement faibles, aux inadaptés et aux handicapés. La cohésion sociale, la croissance optimale et la liberté économique requièrent un ensemble de programmes publics spécialement conçus pour ces citoyens désavantagés.

Les lois sur le salaire minimum devraient être abolies en faveur de suppléments de revenu directs. Ceux-ci proviendraient de programmes fiscaux incitatifs issus, d'une part, d'un impôt négatif sur le revenu pour les faibles salariés, cet impôt négatif diminuant progressivement jusqu'à ce que les impôts redeviennent positifs, et, d'autre part, de primes forfaitaires pour les changements importants de revenu imposable. Cette politique permettra de réduire, voire d'éliminer, le chômage involontaire et contribuera à rendre le travail plus valorisant et mieux reconnu socialement, même en ce qui concerne les travailleurs à faible revenu. L'importance sociale de l'assurance-emploi et des programmes d'aide sociale diminuera, amenant les individus moins qualifiés et leurs familles à mieux s'intégrer dans le tissu social et à contribuer ainsi positivement et à la hauteur de leurs moyens à la création de richesse.

XI. Mettre à un niveau concurrentiel notre régime de relations de travail

Lorsqu'un citoyen exerce son droit de vote à différentes occasions, comme pour élire des députés ou se prononcer dans le cadre d'un référendum, le scrutin secret est vu comme une façon de garantir qu'il soit protégé de toute pression ou intimidation, et de s'assurer qu'il exprime sa véritable opinion. Toutefois, ce n'est pas l'approche adoptée en matière de relations de travail au Québec[85] : le résultat d'une tentative d'accréditation syndicale peut être déterminé par un processus moins rigoureux, qui implique de faire du démarchage auprès de travailleurs pour les convaincre de signer une carte d'adhésion. Il en est de même pour les votes de grève, dont le processus « démocratique » laisse beaucoup à désirer. Ces procédures peuvent nuire à l'expression de la volonté réelle des travailleurs et favoriser ainsi des conflits de travail, mettant à risque la croissance économique et l'investissement, telles de modernes écuries d'Augias !

> Pour nettoyer les écuries d'Augias, dont les excréments empêchaient le labourage des terres de l'Élide et dont la senteur nauséabonde asphyxiait littéralement la population avoisinante, Hercule dut faire preuve d'une grande ingéniosité : il détourna vers les écuries les deux fleuves de la région, l'Alphée et le Pénée, afin que leurs eaux tumultueuses charrient tout le fumier accumulé depuis des années et emportent avec elles l'énorme couche d'excréments qui étouffaient les terres fertiles de la région. Hercule rendit ensuite aux deux fleuves leur lit d'origine.

Les résultats économiques décevants que nous avons abondamment documentés dans les chapitres précédents s'expliquent en bonne partie par les contraintes institutionnelles que nous nous imposons collectivement et qui réduisent tant la rentabilité des investissements que la flexibilité propice à l'adaptation des citoyens et des entreprises aux changements dans notre environnement socio-économique.

Au premier rang de ces contraintes institutionnelles, il faut mentionner le préjugé *relatif* prosyndical en matière d'accréditation et de procédures de vote en ce qui a trait aux grèves et aux offres patronales. À ce titre, il est impératif d'implanter, lors des procédures d'accréditation, un vote au scrutin secret de tous les membres d'une unité de négociation visée, et de reconnaître, lors des votes sur des grèves et des offres patronales, un droit de vote de tous les membres couverts par une convention collective, qu'ils soient membres ou non du syndicat. Ces votes devraient être supervisés par la Commission des relations de travail afin d'en assurer la rigueur et la transparence. Dans la même veine, nos lois et règlements devraient reconnaître à part entière les diverses formes non syndicales de représentation des employés d'une entreprise.

Plusieurs intervenants du monde syndical sont conscients des changements dans l'environnement socio-économique des individus et des entreprises. Ils cherchent une nouvelle voie et de nouveaux moyens pour poursuivre la défense de la justice et de la dignité du travail. Les pressions concurrentielles accrues qu'entraînent la mondialisation des marchés, les nouvelles technologies (d'information, de communication et de production) et l'internationalisation des cultures ont été une source importante d'efficacité et d'efficience. Cela a permis une amélioration considérable du niveau de vie et un recul important de la pauvreté dans tous les pays et régions qui ont adhéré à ces développements en favorisant un meilleur équilibre entre la flexibilité, l'adaptation et la sécurité, la responsabilisation et la bonne gouvernance des institutions privées et publiques.

Le Québec doit prendre les moyens de renverser la tendance actuelle vers sa marginalisation. Un pas important dans ce changement de direction est la mise à niveau de son régime de relations de travail. Cette mise à niveau pourrait permettre à nos entreprises actuelles et potentielles de combattre à armes égales celles des principales régions concurrentes du Québec pour attirer les investissements et favoriser la création d'emplois.

XII. Instaurer un programme de financement plus agressif de la RD, de sa valorisation et de sa commercialisation

L'intensité des dépenses intérieures en recherche et développement (DIRD)[86] au Québec a connu une augmentation importante atteignant 2,63 % du PIB en moyenne de 2003 à 2010, comparativement à 1,22 % dans les années 1980 ; les pourcentages correspondants du ROC sont de 1,60 % et de 1,38 %. Le Québec est devenu un leader au Canada en matière de RD.

Sur une base internationale pour la période 2003-2010, l'intensité de la RD était de 1,95 % au Canada, 2,62 % en Allemagne, 2,72 % aux États-Unis, 3,60 % en Suède et en Finlande, et 4,50 % en Israël. Ainsi, le Québec occupe une place de choix au sein de l'OCDE[87].

Étant donné les efforts importants consacrés au Québec par les gouvernements et les entreprises en matière de RD, la commercialisation de cette RD, en termes de développement de nouveaux produits et services et de création d'emplois, semble faire défaut à bien des égards. Les efforts consentis ne semblent pas avoir porté tous les fruits qu'on aurait été justifiés d'attendre, au jardin des Hespérides.

Hercule dut entreprendre un voyage dans l'au-delà pour découvrir un jardin où poussaient des pommiers aux pommes d'or, gardés par un serpent aux cent cris différents. Dans ce jardin vivaient les nymphes Hespérides. Aidé des titans Prométhée et Atlas, Hercule finit par rapporter trois pommes d'or à Mycènes, les offrant à la déesse Athéna qui les rapporterait dans l'au-delà.

Dans la mesure où ce déficit de commercialisation serait dû à un manque de financement d'activités de démarrage, donc à un manque de capital de risque, il faut songer à favoriser l'émergence de ce capital. On pourrait ici repenser et recentrer les subventions fiscales particulièrement généreuses accordées aux fonds de travailleurs et autres fonds censés consacrer une grande partie de leurs investissements à des opérations de démarrage et de capital de risque, de manière à s'assurer que ces subventions fiscales permettent de socialiser une partie des risques importants de la RD et de la commercialisation de ses fruits.

Par ailleurs, il est possible que ce déficit de commercialisation soit le résultat d'un manque d'occasions d'affaires. Si c'est le cas, il faut être capable de déterminer les causes de ce manque d'occasions favorables. Il est raisonnable de penser que celui-ci est dû à la part trop grande du secteur public dans la production et la distribution des biens et services publics et sociaux. Si tel est le cas, la redéfinition du rôle du secteur public ou gouvernemental (chapitre 11) est susceptible de créer ces occasions d'affaires.

Les innovations et la commercialisation de nouvelles technologies, de nouveaux produits ou de nouveaux services sont par ailleurs des causes importantes de déplacements, parfois de délocalisations d'activités économiques et de dépréciation brusque, parfois d'obsolescence rapide du capital, des habiletés et des compétences. Une politique favorable à l'innovation et à la commercialisation serait d'encourager la création et l'implémentation de moyens et d'outils qui permettront aux individus, aux entreprises et aux différents niveaux de l'administration de gérer efficacement la volatilité de l'environnement économique qu'entraîne l'innovation.

Des solutions sont disponibles pour faciliter le contrôle des risques financiers, grâce à l'introduction d'une grande variété de produits liés à l'assurance ou de produits dérivés qui permettent aux utilisateurs d'échanger ces risques et de mieux les gérer. Un Québec socio-économique renouvelé devra favoriser le développement de ces nouveaux services liés à l'assurance et aux produits dérivés pour aider les individus, les entreprises et les différents niveaux de gouvernement à gérer les risques qui accompagnent les changements provoqués par la RD, comme les risques de déplacements et de délocalisations des activités et des emplois, et le risque de dépréciation et d'obsolescence soudaine du capital humain.

Une source importante d'opposition aux changements socio-économiques, même lorsque ces changements apparaissent souhaitables du point de vue du bien-être collectif, est l'absence de mécanismes et d'institutions susceptibles d'aider les individus et les entreprises et organisations à réduire leurs propres coûts directs d'adaptation à ces changements. À ce chapitre, rappelons que la capacité d'une société à maintenir ou à augmenter le bien-être de ses citoyens dépend de trois facteurs : d'abord, sa capacité, par son système éducatif, à répondre efficacement aux besoins industriels et sociaux en termes d'aptitudes et de compétences de différents types ; ensuite, sa capacité, grâce à l'importance et à l'efficacité de son secteur RD, à générer de nouvelles idées, de nouveaux modèles organisationnels et de nouveaux produits et services ; et finalement, sa flexibilité d'adaptation aux

Réinventer le Québec

changements et son enthousiasme à relever de nouveaux défis.

Cette flexibilité d'adaptation à la volatilité de l'environnement économique doit être une caractéristique de tous les secteurs produisant et distribuant des biens et des services, tant privés que publics et sociaux. À moins que l'on donne aux individus des outils pour gérer ce changement, ils lui résisteront dans l'arène économique et politique, ce qui entraînera comme conséquence des coûts sociaux importants. La résistance au changement est, dans la plupart sinon dans toutes les circonstances, plus spontanée/courante que l'adaptation au changement.

Une société qui n'est pas suffisamment innovante ni suffisamment forte dans le domaine de la commercialisation de nouvelles idées risque d'être négativement touchée par les efforts d'innovation et de commercialisation exercés par les autres sociétés avec lesquelles elle est en concurrence. Pour être performante en matière d'innovation et de commercialisation, une société doit développer une capacité élevée d'analyse des risques (par exemple, par une force de travail plus qualifiée dans les domaines de l'économie, des affaires et de la finance), une meilleure exposition aux facteurs structurels, tels que la taille des marchés et les processus concurrentiels étendus, et une faible dépendance vis-à-vis des programmes de protection sociale mal conçus et inefficaces. La mondialisation et le libre-échange peuvent assurer la présence des deux premiers facteurs, tandis que le troisième repose sur un programme d'action visant à favoriser une meilleure compréhension et un meilleur contrôle des effets défavorables d'une protection sociale mal avisée.

Les quatre politiques institutionnelles définissant l'alliance fondamentale entre la protection sociale et la performance économique présentées dans ce chapitre reconnaissent le caractère essentiel sur le plan à la fois social et économique d'une taxation efficace, d'une redistribution incitative des revenus et de la richesse, d'une protection de l'équilibre des forces sur le marché du travail et d'une poursuite raisonnée d'innovations technologiques et organisationnelles dans un Québec socio-économique renouvelé.

CONCLUSION

Au début de cet ouvrage, nous avons reconnu que la performance économique du Québec et les chemins à emprunter pour assurer un avenir prospère sont source de discorde.

Nous avons présenté un ensemble de repères, d'analyses et de statistiques qui permettent de sonner l'alarme sans être alarmistes! Bien que la situation socio-économique du Québec soit enviable dans l'ensemble des pays et nations, sa situation au sein de l'Amérique du Nord accuse un retard troublant de développement économique, qui exige une actualisation raisonnée et courageuse des objectifs et des moyens susceptibles de le sortir de l'enlisement graduel dans le sillon de la marginalisation. Cette marginalisation *relative* se poursuit depuis trois décennies, et ce, malgré une performance *absolue* intéressante.

Notre analyse est structurelle plutôt que conjoncturelle, car elle repose sur une évolution de plusieurs années, voire de plusieurs décennies. Les diverses séries statistiques présentées dans cet ouvrage sont celles qui, à notre avis, témoignent le mieux et de façon particulièrement révélatrice de la performance économique du Québec depuis plus de trente ans. Elles permettent de bien mesurer les enjeux qui nous interpellent à ce moment-ci de notre histoire collective et, à ce titre, favoriseront une meilleure perception des exigences que nous impose la poursuite d'un mieux-être collectif, tant pour les générations actuelles que pour les générations futures.

Les gains absolus et relatifs considérables du Québec sur le plan du développement économique durant les vingt premières années qui ont suivi la Révolution tranquille se sont depuis fortement ralentis. La transformation sociale et économique à laquelle la Révolution tranquille a donné lieu s'est stabilisée et rapidement figée dans des pouvoirs nouveaux, mais non moins réfractaires aux changements. L'effervescence de la Révolution tranquille a laissé la place à une poursuite et à une capture de rentes corporatistes de plusieurs types à plusieurs niveaux.

L'ensemble des douze chantiers des chapitres 11, 12 et 13 permettront au Québec d'enrayer ce développement corporatiste, de renverser le cheminement actuel du Québec vers une marginalisation regrettable sinon désastreuse, d'entreprendre son rattrapage et de le faire grimper vers le sommet dans l'échelle des économies régionales en Amérique du Nord, et ce, pour le plus grand bénéfice de ses citoyens d'aujourd'hui et de demain. Ces grands chantiers, ces politiques et ces programmes portent sur les fondements de la création à long terme de richesse, et sont ainsi immunisés contre les soubresauts conjoncturels, tant politiques qu'économiques, plus axés sur les symptômes. À ce titre, ils sont plus que des vœux pieux au goût du jour ou des politiques et programmes censés résoudre les problèmes du moment. Ils commandent une véritable nouvelle révolution tranquille, qui devrait s'appuyer sur les grands acquis du dernier demi-siècle ici et ailleurs pour modifier considérablement les modes de réalisation ou d'implémentation des objectifs d'une social-démocratie moderne.

La tâche sera exigeante, voire herculéenne, mais si nous ne nous y attaquons pas dès maintenant, nous laisserons à nos enfants un Québec fermé et meurtri, car de moins en moins capable de concurrencer les sociétés et économies régionales du bassin nord-américain. Non seulement ce Québec se sentira incapable de réaliser son potentiel, mais ce potentiel même sera à jamais diminué, faute de l'avoir entretenu et développé.

Atermoiements et palabres au sommet ne rejouant que les mêmes rengaines usées, dépassées et non crédibles ou n'apportant que des palliatifs de court terme inefficaces et coûteux (sauf pour les groupes de pression qui les défendent et en profitent aux dépens de l'ensemble des citoyens) ne feraient qu'empirer la situation et reporter des décisions qui deviendront encore plus douloureuses parce qu'elles seront imposées plutôt que choisies.

Il faut que nos dirigeants politiques montrent dès maintenant qu'ils ont l'*intellection* des objectifs et des moyens pour établir les programmes, politiques, modalités et mécanismes spécifiques nécessaires à la réalisation de nos ambitions et à l'atteinte de nos objectifs et idéaux sociaux-démocrates. Ils doivent avoir le *courage* de les mettre résolument en œuvre, sans craindre de mettre au rancart les institutions et les politiques qui ont pu être efficaces et utiles dans le passé, mais qui sont mal adaptées au monde actuel et freinent aujourd'hui notre développement collectif.

NOTES

1. Dominique Foisy-Geoffroy, « *Le Rapport de la commission Trem-blay (1953-1956), testament politique de la pensée traditiona-liste canadienne-française* », *Revue d'histoire de l'Amérique française*, vol. 60, n° 3, hiver 2007, p. 257-294, [en ligne]. [www.erudit.org] (23 décembre 2013)
2. Programme du Parti libéral, 1960, p. 1, [en ligne]. [www.poltext.org] (23 décembre 2013)
3. Discours de Jean Lesage à l'Empire & Canadian Club, Toronto, le 16 novembre 1964, p. 3-4, et à la Chambre de commerce de Sainte-Foy, le 14 décembre 1965, p. 5.
4. Kenneth McRoberts et Dale Posgate, *Développement et moder-nisation du Québec*, Montréal, Boréal Express, 1983, p. 177.
5. Gérald Bernier, Robert Boily et Daniel Salée, *Le Québec en chiffres, de 1850 à nos jours*, Montréal, Les Presses de l'Université de Montréal, 1986, p. 357.
6. *Ibid.*, p. 373.
7. Institut de la statistique du Québec, *Taux de fécondité selon le groupe d'âge de la mère, indice synthétique de fécondité et âge moyen à la maternité, Québec, 1951-2012*, [en ligne]. [www.stat.gouv.qc.ca] (23 décembre 2013)
8. Jacques Henripin, *Naître ou ne pas être*, Québec, Institut québé-cois de recherche sur la culture (IQRC), 1989, p. 15.
9. Base de données sur la longévité canadienne, *Données de la BDLC 1921-2009, Espérance de vie à 0 an (1 x 1)*, Université

de Montréal, [en ligne]. [http://www.prdh.umontreal.ca/BDLC/data/que/E0per.txt] (23 décembre 2013)

10. Institut de la statistique du Québec, *Espérance de vie à la naissance et à 65 ans selon le sexe, Québec, 1980-1982 à 2012*, [en ligne]. [www.stat.gouv.qc.ca] (23 décembre 2013).

11. Jacques Légaré, « Le vieillissement des populations : incontournable certes… mais un plus, s'il est géré dans un esprit d'éthique intergénérationnelle », *Lien social et politiques*, nº 62, *Vieillir pose-t-il vraiment problème ?*, automne 2009, p. 17.

12. Linda Saputelli, « Refuser les barrières du vieillissement et soutenir les droits des personnes âgées », *Chronique ONU, Le magazine des Nations Unies*, vol. XLVIII, nº 4, décembre 2011, [en ligne]. [http://unchronicle.un.org/fr/authors/linda-saputelli-0/] (23 décembre 2013)

13. Warren C. Sanderson et Sergei Scherbov, « Remeasuring Aging », *Science*, vol. 329, nº 5997, September 2010, p. 1287-1288.

14. Seamus Hogan et Sarah Hogan, *How will the Ageing of the Population Affect Health Care Needs and Costs in the Foreseeable Future?*, Document de discussion nº 25, Commission sur l'avenir des soins de santé au Canada, octobre 2002, 33 p.

15. David Johnson et Jongsay Yong, « Costly Ageing or Costly Death? Understanding Health Care Expenditures Using Australian Medicare Payments Data », *Australian Economic Papers*, vol. 45, nº 1, 2006, p. 57-74.

16. Seamus Hogan et Allan Pollock, *Why Does Health Care Utilization Increase with Age: The Cost of Living or the Cost of Dying?*, étude présentée lors des Canadian Economics Association Annual Meetings, juin 2001.

17. William J. Baumol, « Macroeconomics of Unbalanced Growth: The Anatomy of Urban Crisis », *American Economic Review*, vol. 57, nº 3, 1967, p. 415-426.

18. Jochen Hartwig, « What Drives Health Care Expenditure? Baumol's Model of "Unbalanced Growth" Revisited », *Journal of Health Economics*, vol. 27, nº 3, 2008, p. 603-623.

19. R. Ariste, C.D. Mallory et B. Bachir, *Are Health Care Prices Rising When Adjusted for Outcomes? Evidence from Heart Attack Treatments in Ontario*, ARAD, Health Canada, Ottawa.

20. Centre sur la productivité et la prospérité, *Productivité et prospérité au Québec – Bilan 2011*, HEC Montréal, 2011.

21. Institut de la statistique du Québec, *Comparaisons internationales – Profils économiques par pays et territoire, et tableaux comparatifs par thème et par indicateur*, [en ligne]. [www.stat.gouv.qc.ca] (23 décembre 2013)

22. Le poids économique est représenté par le ratio du PIB du Québec sur le PIB du Canada.

23. Le poids démographique est représenté par le ratio de la population du Québec sur la population du Canada.

24. Le revenu total est le revenu de toute provenance (y compris les transferts gouvernementaux) avant déduction des impôts fédéral et provincial. Le revenu total médian est le revenu de toute provenance qui divise la population en deux groupes équivalents. Ainsi, 50 % des individus touchent un revenu total supérieur au revenu total médian, et 50 %, un revenu inférieur.

25. Gouvernement du Québec, *Foncez! Tout le Québec vous admire*, Stratégie québécoise de l'entrepreneuriat 2011-2014, 2011, p. 14.

26. Gouvernement du Québec, Budget des dépenses 2013-2014, Conseil du Trésor, 2012, p. 20.

27. *Ibid.*, p. 2.

28. Fondation de l'entrepreneurship, *Plan E – Cap vers un Québec plus entrepreneurial*, Indice entrepreneurial québécois 2012, mai 2012, p. 15.

29. *Ibid.*, p. 16.

30. Le 19 septembre 2012, le ministère des Finances (MFQ), le ministère du Tourisme (TQ) ainsi que le ministère du Développement économique, de l'Innovation et de l'Exportation (MDEIE) ont fusionné sous l'appellation ministère des Finances et de l'Économie (MFE).

31. Ministère du Développement économique, de l'Innovation et de l'Exportation, *Le renouvellement de l'entrepreneuriat au Québec : un regard sur 2013 et 2018*, 2010, p. 5.

32. Fondation de l'entrepreneurship, *La relève est-elle au rendez-vous au Québec?*, Indice entrepreneurial québécois 2010, novembre 2010, p. 7.

33. Fondation de l'entrepreneurship, *Culture entrepreneuriale au Québec: nos entrepreneurs prennent-ils racines?*, Indice entrepreneurial québécois 2011, avril 2011, p. 22.

34. *Ibid.*, p. 23.

35. Gouvernement du Canada, *Analyse du coût de la mise en conformité à la réglementation : Économies de temps et d'argent, volume de documents à produire et méthodes de conformité*, Document d'information d'avril 2010 – Partie I 2010, p. 9.

36. Fédération canadienne de l'entreprise indépendante, *Rapport sur la paperasserie au Canada*, janvier 2013, p. 8.

37. Taxes sur la masse salariale: régimes de pensions fédéral et provincial, assurance-emploi, assurance parentale, santé et sécurité au travail, taxe pour le Fonds des services de santé, Commission des normes du travail (Québec seulement) et Loi sur la formation (Québec seulement).

38. Edward Bierhanzl et James Gwartney, « Regulation, Unions, and Labor Markets », *Regulation*, vol. 21, n° 3, 1998, p. 40-53.

39. Giuseppe Bertola, Francine D. Blau et Lawrence M. Khan, *Labor Market Institutions and Demographic Employment Patterns*,

National Bureau of Economic Research, Working Paper No. 9043, 2002.

40. Morris M. Kleiner et Hwikwon Ham, *Do Industrial Relations Institutions Impact Economic Outcomes? International and U.S. State-Level Evidence*, National Bureau of Economic Research, Working Paper N°. 8729, 2002.

41. Amela Karabegović, Nachum Gabler et Niels Veldhuis, « Measuring Labour Markets in Canada and the United States: 2012 Edition », *Studies in Labour Markets*, Institut Fraser, 2012, p. 44.

42. Certains s'opposent à une comparaison avec le ROC et préféreraient une comparaison avec chacune des provinces, en particulier avec l'Ontario. Mais en réalité, chaque province est économiquement différente et la comparaison avec le ROC minimise les erreurs de comparabilité : le Québec ressemble davantage au ROC qu'à toute province prise individuellement.

43. La comparaison avec les États-Unis doit prendre en considération l'énorme perte d'emplois que ces derniers ont subie durant la récession de 2008-2010. Le retour à la normale des trois décennies précédentes se fait maintenant à grande vitesse.

44. En 2011, le taux d'emploi des hommes de 55 à 64 ans était de 58,4 % au Québec, comparativement à 65,3 % dans le ROC, et 64,4 % aux États-Unis.

45. En 2011, le taux d'emploi des hommes de 55 ans et plus était de 35,4 % au Québec, comparativement à 41,0 % dans le ROC, et 43,1 % aux États-Unis.

46. Voir à ce sujet Marcel Boyer et Sébastien Boyer, « The Main Challenge of Our Times: A Population Growing Younger », *E-Brief*, n° 161, Institut C.D. Howe, juillet 2013, 7 p.

47. Par exemple : National Institute for Labor Relations Research, « Right to Work States Benefit From Faster Growth, Higher Real Purchasing Power », août 2012 ; James M. Hohman, *The Right-to-Work Advantage in Economic Growth: A Look at Past Performance*, Mackinac Center for Public Policy, avril 2008 ; Cameron W. Odgers et Julian R. Betts, « Do Unions Reduce Investment? Evidence from Canada », *Industrial and Labor Relations Review*, vol. 51, n° 1, octobre 1997, p. 18-36 ; Julian R. Betts, Cameron W. Odgers et Michael K. Wilson, « The Effects of Unions on Research and Development: An Empirical Analysis Using Multi-Year Data », *The Canadian Journal of Economics*, vol. 34, n° 3, août 2001, p. 785-806.

48. ENAP, « L'effectif public total », *L'État québécois en perspective*, automne 2012, p. 4.

49. Ministère des Finances du Québec, Plan budgétaire 2013-2014, p. D.20.

50. Institut de la statistique du Québec, *Comparaisons interpro-vinciales, tableau 13.1*, [en ligne]. [http:www.stat.gouv.qc.ca/statistiques/economie/comparaisons-economiques/interprovinciales/index.html

51. Ministère des Finances du Québec, Plan budgétaire 2013-2014, p. I.30.

52. Marcelin Joanis et Claude Montmarquette, *La dette publique : un défi prioritaire pour le Québec*, Rapport de projet, Cirano, 2004, p. 31.

53. Milagros Palacios et Charles Lammam, « Canadians Celebrate Tax Freedom Day on June 10, 2013 », *Fraser Alert*, Institut Fraser, juin 2013.

54. Alexandre Laurin et Finn Poschmann, « Que sont devenus les taux effectifs marginaux d'imposition des Québécois ? », *Cyberbulletin*, Institut C.D. Howe, mai 2011, p. 7.

55. 2009 est l'année la plus récente pour laquelle des données existent.

56. Cansim, tableaux 385-0001, 051-0005 et 384-0038.

57. *Ibid.*

58. Marcelin Joanis et Luc Godbout, *Le Québec économique 2009*, Québec, Presses de l'Université Laval, 2009, p. 117-118.

59. Ministère des Finances du Québec, *Statistiques fiscales des particuliers*, Année d'imposition 2010, p. 3.

60. *Ibid.*, p. 46.

61. Fédération canadienne de l'entreprise indépendante, *Fiscalité : À la recherche de l'excellence*, Programme d'études fiscales de la FCEI – Rapport 2, avril 2009, 48 p.

62. Centre sur la productivité et la prospérité, *Productivité et prospérité au Québec – Bilan 2012*, HEC Montréal, 2012, p. 73-79.

63. Fabio Padovano et Emma Galli, « Tax Rates and Economic Growth in OECD Countries (1950-1990) », *Economic Inquiry*, vol. 39, n° 1, janvier 2001, p. 44-57.

64. John K. Mullen et Martin Williams, « Marginal Tax Rates and State Economic Growth », *Regional Science and Urban Economics*, vol. 24, n° 6, décembre 1994, p. 687-705.

65. Eric M. Engen et Jonathan Skinner, « Taxation and Economic Growth », *National Tax Journal*, vol. 49, n° 4, décembre 1996, p. 617-642.

66. Christina D. Romer et David H. Romer, « The Macroeconomic Effects of Tax Changes: Estimates Based on a New Measure of Fiscal Shocks », *American Economic Review*, vol. 100, n° 3, juin 2010, p. 763-801.

67. Edward C. Prescott, « Why do Americans Work So Much More than Europeans ? », *Federal Reserve Bank of Minneapolis Quarterly Review*, vol. 28, n° 1, juillet 2004, p. 2-13.

68. Steven J. Davis et Magnus Henrekson, « Tax Effects on Work Activity », *National Bureau of Economic Research*, working paper 10509, 2004, 70 p.

69. Robert Hall et Dale W. Jorgenson (1967), « Tax Policy and Investment Behavior », *American Economic Review*, vol. 57, n° 3, 1967, p. 391-414.

70. Steven Fazzari, R. Glenn Hubbard et Bruce C. Petersen, « Investment, Financing Decisions, and Tax Policy », *American Economic Review*, vol. 78, n° 2, mai 1988, p. 200-205.

71. Jason G. Cummins, Kevin A. Hasset et R. Glenn Hubbard, « Tax Reforms and Investment: A Cross-Country Comparison », *Journal of Public Economics*, vol. 62, n°s 1-2, octobre 1996, p. 237-273.

72. Une économie est *efficace* si elle réussit à ou permet de rencontrer au mieux l'objectif ou les objectifs poursuivis. Elle est *efficiente* si elle réussit à générer les résultats observés en utilisant le moins de ressources possibles, mesurées en valeur.

73. Voir Marcel Boyer, *Manifeste pour une social-démocratie concurrentielle*, Montréal, CIRANO, 2009, 170 p., [en ligne]. [http://www2.cirano.qc.ca/~boyerm/20090414_MBOYER_Manifeste_fr.pdf]

74. Chris Doucouliagos et Mehmet Ali Ulubasoglu, « Economic Freedom and Economic Growth: Does Specification Make a Difference? » *European Journal of Political Economy*, vol. 22, n° 1, mars 2006, p. 60-81.

75. *Ibid.*, p. 19.

76. Dean Stansel et Fred McMahon, *Economic Freedom of North America – 2013*, Institut Fraser, novembre 2012, 92 p.

77. Voir la banque de données de l'Institut Fraser, disponible à l'adresse www.freetheworld.com (23 décembre 2013).

78. Nos références et commentaires sur Héraclès/Hercule sont inspirés de l'intéressant site http://hercule.travaux.free.fr/

79. Voir à ce sujet Marcel Boyer, Éric Gravel et Sandy Mokbel, « Évaluation de projets publics : risques, coût de financement et coût du capital », *Commentaire*, n° 388, Institut C.D. Howe, septembre 2013, 24 p.

80. Voir à ce sujet les publications suivantes de l'Institut économique de Montréal [www.iedm.org] : Marcel Boyer et Norman LaRocque, « Décentraliser la gestion des écoles: des idées venues d'ailleurs », *Les Notes économiques*, collection « Éducation », février 2007 ; Marcel Boyer, « Formation professionnelle : à la recherche du temps perdu », *Les Notes économiques*, collection « Éducation », septembre 2008 ; Marcel Boyer, « Pour une réforme des écoles publiques », *Le Soleil*, 31 octobre 2009.

81. Joan Roughgarden, « Guide to Diplomatic Relations with Economists », *Bulletin of the Ecological Society of America,* vol. 82, n° 1, janvier 2001, p. 85-88.

82. Faute d'une meilleure gestion de cette ressource, il faut prévoir l'émergence d'une détresse hydrique dans plusieurs

Réinventer le Québec

régions du globe à forte population. L'ONU estime que seuls quelques rares pays, dont le Canada, ne souffriront pas de stress hydrique en 2025 : au rythme actuel de croissance de la consommation, les deux tiers de la population mondiale manqueront d'eau en 2025.

83. Voir à ce sujet Marcel Boyer, « L'exportation d'eau douce pour le développement de l'or bleu québécois », *Les Cahiers de l'Institut économique de Montréal*, août 2008, 32 p., [en ligne]. [www.iedm.org]

84. Voir également Marcel Boyer, Éric Gravel et Sandy Mokbel, *op. cit.*

85. Voir Marcel Boyer, « Accréditation syndicale : la nécessité d'une mise à niveau en matière de relations de travail au Québec », *Les Cahiers de l'Institut économique de Montréal*, septembre 2009, 38 p., [en ligne] [www.iedm.org] pour un aperçu de la syndicalisation au Québec et ailleurs, une revue des arguments à l'appui et à l'encontre des divers régimes d'accréditation, et une analyse des formes non syndicales de représentation des travailleurs.

86. Les dépenses intérieures en RD comprennent l'ensemble des dépenses attribuables aux activités de recherche et développement exécutées au sein d'une région donnée, quelle que soit l'origine des fonds.

87. Voir à ce sujet le rapport du Conseil des Académies canadiennes, *L'État de la R-D industrielle au Canada*, Ottawa, août 2013.

Suivez les Éditions Stanké
sur le Web :
www.edstanke.com

Cet ouvrage a été composé en Minion Pro 12/14
et achevé d'imprimer en mars 2014 sur les presses
de Marquis imprimeur, Québec, Canada.

certifié   procédé   100 % post-   archives   énergie
sans chlore   consommation   permanentes   biogaz

Imprimé sur du papier 100 % postconsommation, traité sans chlore,
accrédité Éco-Logo et fait à partir de biogaz.